CIP-Brasil. Catalogação-na-Publicação
Câmara Brasileira do Livro, SP

Norvell, Anthony, 1908-
N778p O poder da meditação transcendental : a magia das
3.ed. forças ocultas / Anthony Norvell ; tradução de Aydano
Arruda. -- 3. ed. -- São Paulo : IBRASA, 1985.
(Coleção gnose ; 4)

1. Auto-realização 2. Meditação transcendental
3. Sucesso I. Título.

CDD-181.45
85-0817 -158.1

Índices para catálogo sistemático:
1. Auto-realização : Psicologia aplicada 158.1
2. Meditação transcendental : Filosofia 181.45
3. Sucesso : Psicologia aplicada 158.1

O PODER DA MEDITAÇÃO TRANSCENDENTAL

— // —

A Magia das Forças Ocultas

Coleção "GNOSE" – 4

Volumes publicados:

1.	*As Grandes Religiões*	Félicien Challaye
2.	*As Sociedades Secretas*	Herman e Georg Schreiber
3.	*Fenômenos Ocultos*	Zsolt Aradi
4.	*O Poder da Meditação Transcendental*	Anthony Norvell
5.	*O Poder das Forças Ocultas*	Anthony Norvell
6.	*A Bíblia Estava Certa*	H. J. Schonfeld
7.	*O Ensino dos Mahatmas (Teosofia)*	Alberto Lyra
8.	*Mistérios Cósmicos do Universo*	Adrian Clark
9.	*A Evolução Divina: da Esfinge ao Cristo*	Édouard Schuré
10.	*Raízes do Oculto*	Henry S. Olcott
11.	*O Budismo do Buda*	Alexandra David-Neel
12.	*Diálogos de Confúcio*	
13.	*A Sugestão Mental*	J. Ochorowicz
14.	*A Magia e o Diabo no Século XX*	Alberto Lyra
15.	*Catecismo Budista*	Henry S. Olcott
16.	*Além da Razão*	Jean Lerède

O PODER DA MEDITAÇÃO TRANSCENDENTAL

— // —

A Magia das Forças Ocultas

ANTHONY NORVELL

Tradução de

AYDANO ARRUDA

4a. Edição

IBRASA
INSTITUIÇÃO BRASILEIRA DE DIFUSÃO CULTURAL LTDA.
SÃO PAULO

Título do original norte-americano:
THE MIRACLE POWER OF TRANSCENDENTAL MEDITATION

Capa:
Ilustração de Joanes da Silva Lessa
Montagem de Carlos Cézar

IBRASA – INSTITUIÇÃO BRASILEIRA DE DIFUSÃO CULTURAL LTDA.
Rua. Treze de Maio, 446 - Bela Vista - 01327-000 - São Paulo - SP

Publicado em 2010

Impresso no Brasil – Printed in Brazil

O QUE ESTE LIVRO PODE FAZER POR VOCÊ

Pela primeira vez na América, a arte mística de Meditação Transcendental está sendo apresentada em termos comuns, fáceis de compreender, que você pode começar a usar imediatamente para realizar milagres em sua vida cotidiana.

Este livro apresenta as mais recentes descobertas científicas a respeito de meditação e das chamadas técnicas de onda cerebral Alfa, que estão sendo agora investigadas em universidades e centros médicos em toda a América.

Este livro é uma abertura para o leigo em matéria de meditação e métodos de onda cerebral Alfa. Para obter melhores resultados, leia-o inteiro uma vez e absorva todo o alcance do trabalho. Depois volte aos capítulos específicos que o ajudarão mais em suas atuais necessidades e aja de acordo com os princípios expostos em cada capítulo. Use as meditações exatamente como são apresentadas, seja memorizando-as primeiro, seja lendo-as até ter absorvido sua significação. Depois, quando entrar nos vários estádios de meditação, evoque pensamentos contidos nas palavras ou diga-os em voz baixa, até estar completamente no estado de meditação que deseja.

Existem dois tipos de meditação: um passivo, no qual você adota certo estado mental através de meditação, colocando-se na disposição que deseja evocar. Este tipo de meditação não exige palavras, exige apenas seus pensamentos, que devem ser serenos e calmos, no que cientistas chamam de onda cerebral Alfa, de cerca de oito a doze ciclos por segundo. Esta é uma meditação curativa e pode ser realizada várias vezes por dia a fim de relaxar-lhe a mente e o corpo, proporcionando-lhe benefícios imediatos na obtenção de paz e tranqüilidade quando você encontra desafios difíceis em seus negócios diários.

O segundo tipo de meditação é positivo e ativo. Neste, você projeta pensamentos ou palavras e retrata os resultados que está tentando conseguir por um ato consciente e imaginativo. A maior parte destas meditações ativas refere-se a coisas importantes, como descobrir seu trabalho certo, aumentar sua segurança financeira, atrair amor e casamento, entrar em negócios, desenvolver artes e talentos criativos ou outros benefícios materiais e físicos que você está tentando alcançar.

São inúmeros os benefícios espirituais da meditação passiva. Você pode entrar em contato com os centros psíquicos superiores de sua mente e receber orientação intuitiva em sua vida cotidiana. Através de meditação passiva você pode entrar em contato com a mente cósmica superior, que chamamos Deus, e receber comunicação direta sobre como viver sua vida e como atingir crescimento espiritual e evolução da alma. Em religião, este tipo de meditação chama-se Oração e é uma forma simples de comunhão com a inteligência que governa o universo.

Eis alguns dos inúmeros benefícios que você pode esperar do uso de Meditação Transcendental como é exposta neste livro:

1. Você expandirá imediatamente os horizontes de sua consciência, adquirindo nova e tremenda visão de suas próprias forças potenciais para atingir um grande destino.
2. Você será capaz de melhorar a memória e ter lembrança instantânea de tudo quanto precisa para guiá-lo em sua vida cotidiana. Isto inclui nomes, fisionomias, fatos e detalhes que estiveram enterrados durante anos em sua mente subconsciente.
3. Você aprenderá a emitir padrões de onda cerebral nas freqüências Alfa, Beta, Teta e Delta, que lhe mostram como ter serenidade e tranqüilidade interior.
4. Você aprenderá a usar meditação para controlar o corpo e suas funções. Controlará as batidas de seu coração, sua pressão arterial, sua digestão, e será capaz de retardar

o envelhecimento das células de seu corpo e aumentar suas probabilidades de vencer doença e dor física.

5. Você será capaz de usar meditação para aumentar os poderes místicos de sua própria mente, estabelecer ligação com a mente cósmica e receber orientação psíquica, percepção extra-sensorial, clarividência e intuição divina. Este poder ajudá-lo-á a evitar erros e orientá-lo-á para a realização de seu destino perfeito.

6. A meditação mostrar-lhe-á como aumentar sua renda e abrir o depósito universal de riquezas, que pode propiciar-lhe toda espécie de abundância: dinheiro, casas, terras, jóias, títulos e ações, e todas as outras boas coisas da vida.

7. Você descobrirá e usará a meditação do sono sem sonhos, conhecida como Sushupti, vinda da Índia, na qual superará dor, doença e distúrbios corporais. Poderá livrar-se de sua dependência em relação a soníferos, aspirina, tranqüilizantes e outras formas de drogas.

8. Meditação revelar-lhe-á o método para vencer hábitos perniciosos. Se quiser deixar de fumar, poderá fazê-lo em cerca de duas semanas ou menos por meio de meditação. Se tiver outros hábitos que o degradam, você poderá evocar o poder de meditação para ajudar a transformá-los realmente em forças positivas.

9. Você aprenderá a desdobrar os sete sagrados Chakras de consciência, que lhe dará imediatamente consciência cósmica. Este segredo do Extremo Oriente ojuda-o a abrir tremendo poder mental e dá-lhe controle instantâneo sobre sua mente, seus nervos, seus músculos e suas funções corporais.

10. Ser-lhe-á mostrado como usar o ritual da chama sagrada dos Templos de Íris e Osíris, no Egito Antigo, com seus rituais e invocações para fazer com que os sonhos mais acalentados do que você mais deseja se transformem em realidade em todos os detalhes.

11. Você conhecerá a mística meditação da Flor de Lótus, que vem do Tibete antigo. Com esta única meditação,

você poderá invocar poder espiritual que o elevará acima das limitações físicas do mundo cotidiano e o fará entrar na terra mística de Shangri-La, onde existe eterna paz, amor, alegria e realização de todo detalhe desejado.

12. Você descobrirá os dez estágios de elevação mística que pode atingir entrando em meditação transcendental. Aprenderá a erguer-se acima dos problemas cotidianos, ascendendo ao cume da montanha espiritual. Lá descobrirá o verdadeiro poder cósmico, que o libertará da força da gravidade da terra pela qual é impedido de obter controle sobre qualquer problema que o prende.

13. Você aprenderá a realizar projeção astral através de sua meditação e mandar sua alma aos espaços cósmicos à vontade. Lá em cima poderá encontrar-se e conversar com os imortais, e trazer de volta inapreciáveis segredos que lhe mudarão grandemente para melhor a vida.

14. Você anseia por pintar quadros, escrever histórias, compor música grandiosa, inventar objetos úteis? Pode usar meditação e técnicas de onda cerebral Alfa para obter o desdobramento de novos dons e talentos que o tornarão rico, famoso e popular.

15. Com meditação transcendental, você pode projetar sua mente na mente dos outros, influenciando-os para o bem, magnetizando seus centros cerebrais para que sigam suas sugestões e ordens. Pode entrar em contato com pessoas ricas e importantes, que o ajudarão a concretizar todos os seus sonhos de poder financeiro.

16. Já perguntou a você mesmo se poderá resolver seus problemas e ter a mente livre de preocupação, ansiedade e medo? Através de meditação e usando o dinâmico padrão de onda cerebral conhecido como estágio Teta, você pode eliminar ansiedades, resolver problemas da vida cotidiana e obter vitória completa sobre o medo, a preocupação e a ansiedade.

17. Você anseia por ter uma personalidade mais magnética, a fim de poder assegurar a vida social que deseja e conquistar amigos de valor? Meditação ajudá-lo-á a aumen-

tar o conteúdo magnético de seu cérebro e torná-lo mais atraente para as outras pessoas. Você poderá ter amigos ricos e poderosos que o ajudarão a alcançar suas metas de independência financeira, vivendo na casa de seus sonhos.

18. Meditação ajudá-lo-á também a aumentar sua atração romântica sobre pessoas do sexo oposto. Em algum lugar, existe uma verdadeira alma gêmea que você poderá atrair mediante o emprego de meditações especiais que lhe são dadas neste livro.

19. Ser-lhe-á mostrado como usar a meditação e executar os ritos e invocações místicas que abrirão portas ocultas em direção a forças espirituais e cósmicas superiores. Você aprenderá a cerimônia da luz de vela, usando as sagradas chamas coloridas, para elevar suas vibrações espirituais a novas e dominantes alturas cósmicas.

20. Você aprenderá as nove meditações místicas que podem ser usadas para todos os propósitos na vida. Ser-lhe-á mostrado como utilizar este poder diariamente para adquirir força e energia, e receber brilhantes padrões de pensamento criativo que o inspirarão para um grande destino de sua escolha.

Este livro é seu programa permanente para meditação transcendental. Você pode usá-lo para invocar alguns dos poderes superiores conhecidos da humanidade, mentalmente, fisicamente e espiritualmente. Poderá literalmente fazer milagres por si só através da orientação dada neste livro. Estas meditações foram provadas durante mais de trinta anos de meu ensino metafísico, e eu posso prometer-lhe que, se as usar, como estão expostas neste livro, você será enriquecido com benefícios que anteriormente não pensava ser-lhe possíveis.

NORVELL

ÍNDICE

1 MEDITAÇÃO TRANSCENDENTAL, O PODER MÍSTICO QUE PODE TRANSFORMAR SEUS SONHOS EM REALIDADE

A antiga arte de meditação transcendental que nos vem das terras místicas da Índia e Tibete oferece à humanidade um espantoso sistema de processos científicos, literalmente capazes de realizar milagres para aqueles que o praticam.

Em recentes revelações científicas a respeito de meditação e das técnicas de onda cerebral Alfa, foi demonstrado que essa antiga arte mística é o maior poder milagroso que o homem já descobriu.

O PODER MILAGROSO DENTRO DE SUA MENTE

Você possui dentro de seus centros mentais um tremendo poder mental, físico e espiritual, com o qual pode literalmente fazer milagres em sua própria vida. Quando libertar esse poder criativo através de meditação transcendental e técnicas de onda cerebral, que estudaremos neste livro, você será capaz de conseguir, não só a cura de sua mente e seu corpo, mas também a realização de seus mais íntimos sonhos de felicidade, segurança financeira, trabalho certo, realização amorosa, paz mental e paz de alma.

Neste capítulo estudaremos o método pelo qual você pode canalizar os impressionantes poderes de meditação transcendental para sua própria vida e transformar todos os seus sonhos em realidade.

O QUARTO ESTADO DE CONSCIÊNCIA EM QUE VOCÊ PODE ENTRAR

Por meio de meditação transcendental você pode entrar em um quarto estado de consciência, que é totalmente diferente de tudo quanto já experimentaram suas faculdades conscientes normais.

Aqui estão alguns dos espantosos milagres realizados por cientistas em centros de pesquisa médica de universidades em todo o mundo: Poderes de cura do corpo foram acelerados a tal ponto que tumores se dissolveram em curto tempo; pressão arterial, que estava perigosamente alta, se reduziu ao normal em quinze minutos de meditação; ação cardíaca aumentou ou diminuiu até em cinco batidas por minuto; e pacientes com sérias condições cardíacas foram grandemente ajudados.

NOVA ESPERANÇA PARA DOENTES ATRAVÉS DE MEDITAÇÃO

Quando você entra em meditação transcendental seu consumo de oxigênio aumenta em vinte por cento. Isto que se consegue em dez ou quinze minutos de meditação é o que uma pessoa experimenta em oito horas de sono à noite!

As partículas de sal de ácido láctico no sangue diminuem em cinqüenta por cento na meditação. Isto é vitalmente importante, pois são os ácidos lácticos na corrente sangüínea que fazem uma pessoa ficar amedrontada, preocupada e ansiosa. O sal de ácido láctico causa também fadiga antinatural e abre caminho para numerosas doenças graves do corpo.

Quando você entra em meditação, seu corpo tem maior resistência a invasões de germes, resfriados, vírus e outros distúrbios da cabeça, garganta e pulmões. Isto foi provado por cientistas quando fizeram corrente elétrica passar através da pele de uma pessoa em meditação profunda. Os aparelhos mostraram que havia um aumento de quinhentos por cento na resistência da corrente às forças negativas que poderiam infeccioná-la, como germes e infecções de várias espécies.

Contudo, não é apenas cura física que se obtém através da meditação transcendental; ela pode ser usada também para tratar numerosas doenças mentais. Cientistas usaram meditação transcendental para vencer adicção a drogas, alcoolismo, hábito de fumar e outros hábitos malsãos e destrutivos. Um grupo de dezenove homens entre 21 e 38 anos de idade, fortemente adictos a drogas, como LSD, maconha, heroína e barbitúricos, foi posto em estado de meditação diariamente durante um período de três semanas e ficou curado!

O QUE MEDITAÇÃO TRANSCENDENTAL PODE FAZER POR VOCÊ

Você pode começar a usar o poder de meditação transcendental hoje e experimentar seus espantosos e milagrosos resultados quase instantaneamente.

Aqui estão algumas das coisas que ele fará por você: Ser-lhe-ão dadas paz mental e tranqüilidade, de modo que seu corpo vencerá as tendências a doenças que provêm de esgotamento nervoso, medo, preocupação e outras emoções negativas.

Você aumentará seus poderes de concentração, de modo a dedicar todas as suas energias mentais a seu trabalho, assegurando para si próprio segurança financeira para o futuro.

Você melhorará a memória e a capacidade de reter o que lê e o que vê. Poderá aprender línguas estrangeiras, guardar na mente fatos e detalhes que poderá lembrar instantaneamente quando quiser.

Você melhorará a imaginação e os poderes de visualização, de modo a evocar novas combinações de idéias que o tornarão bem sucedido como inventor, escritor, compositor, artista ou cientista. Muitos de nossos maiores gênios criativos usam esta arte de meditação transcendental para receber suas grandes idéias da mente cósmica.

Você receberá de sua mente superior idéias de negócios, que poderão fazê-lo encontrar seu trabalho certo, investir nas ações certas, vender mais seus produtos e, de outras maneiras, obter segurança financeira.

COMO UM HOMEM DE NEGÓCIOS USOU MEDITAÇÃO PARA ALCANÇAR SUCESSO

James E. era um homem de negócios americano típico, quando eu o conheci. Estava preocupado e sobrecarregado de trabalho. Possuía uma loja de carros usados em Los Angeles e temia competição. As vendas haviam caído e ele estava muito nervoso e irritável. Estava gordo demais, tinha distúrbios cardíacos e hipertensão arterial. Não conseguia dormir à noite devido a preocupações, por isso tomava comprimidos soníferos. Fumava demais e bebia dez xícaras de café por dia para obter estimulação. Foi ficando cada vez pior e finalmente procurou minha ajuda.

Descobri não só que James E. estava mental e fisicamente em mau estado, mas que suas condições familiares se deterioravam rapidamente. Era casado e tinha dois filhos. Estava tão irritável e nervoso que a esposa ameaçava pedir divórcio.

Mostrei a esse homem como entrar em meditação e usar os poderes de sua mente superior. Ele foi francamente céptico até quando, depois da segunda semana de tratamento, visitou seu médico e descobriu que sua pressão arterial, que subira para vinte havia baixado para dezessete! O médico cortou a medicação que ele usava para hipertensão arterial, pensando que a redução era causada pelo remédio. Frank E. não lhe contara que estava usando meditação transcendental! Duas semanas mais tarde, sem medicação, sua pressão arterial caiu para catorze, e o médico considerou sua atividade cardíaca normal!

Todavia, o maior milagre que aconteceu a Frank E. não foi o restabelecimento da saúde. Foi a nova vida que se abriu para ele em outros campos pessoais. Tornou-se menos irritável e nervoso, o que levou a esposa e os filhos a reconciliarem-se com ele. Foi capaz de deixar completamente de fumar com três semanas de meditação e de dormir à noite sem tomar comprimidos soníferos. Tinha agora tanta energia que passou a dedicar mais atenção aos negócios e logo obteve tanto sucesso que abriu outra loja de carros usados nas vizinhanças e passou a dirigir os dois estabelecimentos com grande sucesso!

COMO ENTRAR EM MEDITAÇÃO TRANSCENDENTAL

1. Escolha em sua casa um aposento silencioso, onde possa ficar sozinho pelo menos durante meia hora para sua primeira sessão de meditação.

Se for à noite, abaixe as luzes e mantenha uma vela branca acesa. Use também incenso ou outra fragrância, pois isso ajuda os centros psiconeurais do cérebro a alcançar um estado de completa relaxação durante a meditação.

Sente-se em uma poltrona confortável ou deite-se de costas na cama, com as mãos estendidas ao lado do corpo, em posição completamente relaxada.

Repita várias vezes o seguinte Mantra sagrado do Tibete: *Ohm mane padme ohm*. Isto quer dizer: a jóia no coração do lótus, e é simbólico da alma dentro do homem, que reflete o eterno esplendor e perfeição de Deus.

2. Agora respire fundo enquanto repete o Mantra e, se desejar, diga as palavras em voz alta, deixando que o delicado movimento sussurrante suba vibrando para sua cabeça. Conserve os olhos fechados enquanto entra em meditação, embora, mais tarde, você venha a aprender que meditação pode ser feita com os olhos bem abertos, em certas condições.

3. Agora visualize mentalmete um calmo lago que se estende dos lados de suas têmporas, engolfando o mundo inteiro. Este lago é análogo à sua mente. Quando você tem um pensamento perturbado, é como uma ondulação na superfície do lago, perturbando sua paz e tranqüilidade. A princípio, é muito natural que seus pensamentos saltem de um assunto para outro. Não deixe que isso o preocupe, pois gradualmente você será capaz de ter a mente absolutamente tranqüila. Quando surgirem tais pensamentos perturbadores, empurre-os mentalmente para baixo, até que sejam mais uma vez submersos no lago e que o lago fique tão liso e calmo quanto a superfície de um espelho.

Quando é lisa, a superfície de um lago reflete o céu azul, o sol e as árvores que crescem à sua margem. Assim, também, quando sua mente está calma e quieta, é um refletor das mais altas forças espirituais do universo. É capaz de refletir a infinita mente cósmica, que pode guiá-lo para a realização de seu destino certo.

4. Enquanto se mantém nesse estado de meditação e se sente em paz e quieto por dentro, respire fundo contando até quatro. Prenda a respiração por um momento, depois solte-a delicadamente como um fundo suspiro. Após ter respirado assim cinco ou dez vezes, você terá uma sensação de elevação e de satisfação mental, pela qual saberá que está em profundo estado de meditação transcendental.

Este estágio de meditação é conhecido como estado Alfa. Quando medidas em uma máquina chamada eletroencefalógrafo, as ondas cerebrais se apresentam na escala Alfa, que vai de oito a doze ciclos por segundo.

Neste estado de meditação, você se sente como se não houvesse problemas no mundo. Tem uma sensação de profunda paz e tranqüilidade. Seus nervos e músculos estão completamente relaxados e sob perfeito controle. Este alto Alfa, como cientistas o chamam, é propício à cura do corpo e também à abertura dos centros psíquicos superiores da mente, proporcionando visão maior dos problemas e ajudando a obter um senso de equilíbrio e controle de todas as suas faculdades.

UMA MULHER SUPEROU UM PROBLEMA MENTAL POR MEIO DE MEDITAÇÃO

Uma mulher de meu grupo de palestras, em Nova York, teve severo choque mental que exigiu tratamento psiquiátrico. Não reagiu bem ao tratamento e piorou cada vez mais. Estava mentalmente deprimida e com tendências suicidas. O marido, em desespero, levou-a a algumas de minhas palestras e ouviu falar a respeito de meditação transcendental. Começou a usar as técnicas Alfa para colocá-la em estado profundo de meditação e, desde a primeira sessão, a mulher reagiu favoravelmente. Em poucos dias, após seus períodos de meditação, ela caía em estado de sono profundo que durava uma hora ou mais. Manteve-se nessa forma de meditação por um período de três semanas, experimentando benefícios diariamente. Ao fim desse tempo, parecia completamente curada. Reagia de maneira normal aos desafios da vida. Foi capaz de deixar de tomar comprimidos soníferos para dormir à noite e adormecia em cinco minutos usando suas meditações. Parecia estar a caminho de completa recuperação mental de sua saúde.

5. Após ter alcançado o estado de meditação chamado Alfa, você pode dirigir a mente e o corpo para que obedeçam a todas as suas ordens. O sistema nervoso autônomo controla o coração, a digestão, a pressão arterial e a ação dos pulmões. Em certa época, considerava-se impossível uma pessoa controlar essas funções automáticas do corpo. Agora cientistas sabem que uma pessoa pode controlar essas funções e aliviar muitos dos sintomas de doenças, como dores de cabeça, insônia, outras dores e ansiedade. Dê agora à sua mente ordem para controlar o ritmo cardíaco. Concentre a mente no sentido de conseguir retardar ou acelerar a ação de seu coração. Logo você será capaz de controlar a ação de seu próprio coração e fazê-lo bater mais depressa ou mais devagar. Isto é inestimável para pessoas que sofrem de males cardíacos.

Diga à sua mente que deseja baixar ou subir sua pressão arterial. Se está agora muita alta, você pode controlá-la e fazê-la baixar até o normal. Se sofre de pressão baixa e sente constante cansaço e exaustão, você pode dizer à sua mente para elevar a pressão arterial.

UMA MULHER USOU ESTA MEDITAÇÃO PARA CURAR TAQUICARDIA

A sra. Florence D., que era excessivamente gorda, sofria de hipertensão arterial e taquicardia. Aprendeu em nossas palestras meditação transcendental e controle da onda cerebral Alfa. Começou a usar meditação diariamente durante um período de apenas quinze minutos. Depois da terceira tentativa, descobriu que seu coração, que pulsava no ritmo de noventa e cinco batidas por minuto, baixara para cerca de oitenta por minuto. O normal é cerca de setenta e duas batidas.

Na sessão seguinte de meditação, ela foi capaz de reduzir ao normal a ação do coração! Sentiu-se tão encorajada que decidiu enfrentar seu problema de peso. Disse à sua mente que queria perder vinte e cinco quilos. Perguntou à sua mente superior como poderia vencer seu desejo por doces, carboidratos e farináceos. Meditou nesse problema diariamente durante três semanas e então notou que estava sentindo menos desejo de doces. Depois de quatro semanas viu que estava gradualmente perdendo peso e, em três meses, com constantes meditações diárias de quinze minutos, emagreceu efetivamente quinze quilos! Agora está a caminho de alcançar seu peso normal perfeito por este método.

6. Para usar meditação transcendental com outros propósitos além de o de controlar o corpo ou curar doença física, aplica-se a mesma técnica de entrar no estado Alfa. Contudo, durante o estado de meditação, é necessário que você dirija conscientemente a mente para o canal de meditação que deseja seja seguido por ela. Depois de ter escolhido conscientemente esse padrão de pensamento, ela entra no sistema autônomo de controle subconsciente e se externaliza em suas circunstâncias exteriores de vida como formas dinâmicas de ação.

Por exemplo, se você quer experimentar uma mudança em sua personalidade e deseja ser mais dinâmico e atraente, sente-se em meditação e relaxe completamente a mente e o corpo. Depois escolha a imagem mental que deseja a fim de projetar o tipo de pessoa que quer ser. Descobriu-se em meditação que manter imagens visuais, como se faz em devaneios, tende a fixar tais imagens na consciência. Depois o sistema nervoso simpático projeta as imagens mentais em seus equivalentes físicos e materiais.

Imagine o tipo de expressão facial que deseja ter habitualmente. É um sorriso ou uma carranca que você deseja ter em seu rosto?

Visualize-se como um indivíduo popular, cercado por um grupo de amigos admiradores, atraídos pelo seu encanto e magnetismo. Depois assuma mentalmente as qualidades que formam uma personalidade dinâmica e magnética. Veja-se como pessoa atenciosa e bondosa. Irradie amizade e calor em sua nova personalidade. Veja-se elogiando os outros e dando-lhes sua amizade. Construa à sua volta uma aura mental de beleza, encanto e cortesia. As pessoas reagem rapidamente a alguém que é sincero e extrovertido em sua personalidade.

COMO UMA MOÇA DEIXOU DE SER DESDENHADA E TORNOU-SE POPULAR

Marjorie S. começou a trabalhar conosco na Califórnia. Ela tinha um verdadeiro problema de desajustamento de personalidade. Era tímida e sentia medo de gente. Era órfã e nunca se esquecera dos anos solitários de criança privada de amor. Parecia um verdadeiro bicho de concha e ficava gelada quando se encontrava com estranhos.

Estava com vinte e dois anos de idade e tinha os sonhos de amor e casamento normais em uma moça, mas não era capaz de corresponder aos homens que tentavam namorá-la.

Recomendei-lhe este regime para construção de uma personalidade encantadora e depois dei-lhe esta meditação para usar diariamente, em pé diante do espelho, a fim de reconstruir sua nova auto-imagem:

> *Agora crio a nova auto-imagem de encanto e beleza que desejo projetar no mundo exterior. Construo em minha aura a qualidade de beleza, tenho belos pensamentos e projeto-os para todas as pessoas que encontro.*
>
> *Eu agora venço os sentimentos de embaraço e inferioridade, e condiciono minha mente subconsciente a pensamentos de firmeza, autoconfiança e encanto. Amo as pessoas e sei que as pessoas me amarão em troca. Desejo amor e casamento, e agora medito em atrair a verdadeira alma gêmea que me proporá casamento. Eu sou perfeita e atraio um destino perfeito!*

Essa moça começou a mudar gradualmente. Tornou-se menos tímida e, quando a meditação começou a influenciar o sistema nervoso simpático autônomo e passou a ser uma segunda natureza, ela realmente ficou mais bonita, mais confiante e mais segura. Está agora saindo regularmente com moços e, na última vez que me deu notícias, havia recebido duas propostas de casamento!

7. Você pode usar meditação transcendental para projetar seus sonhos subjetivos interiores no mundo objetivo exterior da realidade.

Se tem desejo de independência financeira e quer ter rendimento maior, pode usar meditação para atingir essa meta.

Se deseja liberar idéias criativas que possam fazê-lo rico, sente-se quieto em meditação e diga ou pense estas palavras:

> *Estou agora no círculo mágico de infinito suprimento e abundância de Deus. Vivo em um universo rico, e tudo foi criado para meu uso e gozo. Agora projeto a soma de 100.000 dólares como meta da vida, sabendo que posso ter independência financeira com essa quantia de dinheiro. Desejo a soma menor de 1.000 dólares dentro de dois meses para minhas necessidades imediatas e magnetizo agora meus centros cerebrais com a consciência de dinheiro e seus equivalentes.*

Lembre-se: quando você usa meditação positiva dessa maneira, seu cérebro emite impulsos elétricos e magnéticos para seus nervos e músculos. Você é então motivado a fazer coisas e ir a lugares onde possa obter seu maior sucesso. Sua mente consciente é limitada, mas sua mente superconsciente superior é ilimitada e conhece milhares de meios pelos quais você pode ficar rico.

COMO UMA MULHER PROJETOU 5.000 DÓLARES ATRAVÉS DE MEDITAÇÃO

Uma mulher que comparecia a nossas palestras em Los Angeles, usou este método especial para projetar a soma de 5.000 dólares, de que precisava para um propósito específico. Trabalhava com imóveis, mas fazia algumas semanas que não realizava uma única venda. Tinha para vender uma propriedade nada atraente, de um de seus clientes, para a qual parecia não haver comprador.

Essa mulher começou a meditar no problema da seguinte maneira: "Eu sei que em algum lugar existe um comprador para esta propriedade. Não existe falta ou limitação no rico universo de Deus. Atrairei o comprador certo para esta propriedade, alguém que obterá lucro com sua compra. Agora vou relaxar minha mente, confiante em que virá a mim o que é bom."

Duas semanas depois de haver começado sua meditação e a projeção mental dos 5.000 dólares que desejava, o representante de uma grande companhia petrolífera procurou-a. Queria comprar a casa velha em uma esquina de Los Angeles e derrubá-la para construir um grande posto de gasolina!

A mulher vendeu-lhe a propriedade e sua comissão por essa venda foi de 4.500 dólares. Lembrem-se, porém, que ela havia pedido à sua mente superior a quantia de 5.000 dólares. Estava satisfeita com os resultados de sua meditação, mas continuou a projetar a soma menor de 500 dólares, a fim de completar os 5.000. Uma semana depois recebeu carta de um tio muito rico que morava em Oklahoma, tendo dentro um cheque de 500 dólares como presente!

8. Você deseja iniciar uma nova linha de trabalho, estabelecer-se por conta própria ou ter um aumento de salário? Meditação pode ser usada para satisfazer qualquer desses desejos.

Sente-se em períodos regulares de meditação pelo menos durante quinze minutos por dia. Entre no estágio Alfa de meditação. Projete mentalmente o trabalho que deseja realizar. Veja-o com todos os detalhes. Veja seu próprio negócio, visualize a loja ou oficina, com seu nome na porta, e continue meditando cada dia em ver-se naquele negócio, em obter grande sucesso.

Um homem trabalhava para uma grande empresa de Nova York, que tinha vários cargos executivos, mas todos eles preenchidos. O homem ouviu falar em projeção mental e meditação. Acreditou tão sinceramente, que saiu e mandou fazer uma placa com seu nome, que guardou em sua casa. À noite, quando voltava do trabalho para casa, sentava-se diante da placa e projetava esta meditação:

Projeto agora esta placa na porta de uma sala, onde estarei trabalhando como executivo para minha companhia. Vejo o aumento de salário. Concentro-me nos confortos e na segurança que issso trará para minha família e para mim. Estou confiante em que essa promoção virá para mim no futuro imediato.

Um mês mais tarde, um dos executivos da firma aposentou-se e, entre dez candidatos, o homem que vinha projetando sua promoção foi escolhido para o cargo. A placa que mandara fazer para sua sala foi colocada e a realidade que ele projetara através de sua meditação tornou-se agora um fato!

9. Você pode usar meditação transcendental para projetar viagens que deseja fazer, pessoas que deseja conhecer, situações românticas em que deseja estar e objetos materiais, como automóveis, jóias, peles, títulos e ações, casas e terrenos — de fato, todos os bens materiais que deseja poderão ser projetados na mente cósmica e gradualmente materializar-se em seus equivalentes físicos para você.

Para projetar coisas materiais, sente-se silenciosamente no estado Alfa de meditação e pense ou diga as seguintes palavras:

Eu agora projeto estas imagens físicas e materiais do que desejo atrair no futuro. Desejo conhecer socialmente pessoas interessantes e importantes, que possam ajudar-me a promover minha carreira social e levar uma vida de prazer e satisfação emocional.

Desejo atrair minha futura alma gêmea para propósitos de casamento. Sei que em algum lugar existe essa companheira perfeita e invoco agora a lei de atração magnética que fará meu sonho romântico entrar em foco glorioso.

Desejo objetos materiais que sejam os equivalentes de riqueza, como jóias, automóveis, casas e terrenos. Projeto esses sonhos para a mente cósmica, que sabe como trazê-los a plena realização. Visualizo esses objetos como meus. Mentalmente possuo os títulos, as ações, o dinheiro no banco, que podem dar-me futura segurança financeira e tornar-me rico.

Após ter-se entregue a cada uma das meditações acima durante alguns minutos por dia, tenha fé e acredite que essas coisas estão a caminho de materializar-se para você.

Pode fazer uma lista das coisas que deseja e levá-la com você na meditação. Depois medite por alguns momentos em cada desejo. Pode formar suas próprias palavras e imagens mentais para as diferentes coisas que deseja, pois suas necessidades são diferentes das de qualquer outra pessoa. Faça suas declarações breves e positivas; carregue-as com intensidade emocional enquanto medita e veja as coisas vindo a você com perfeita expectativa de seu bem.

COMO UM MOÇO CONQUISTOU EMPREGO DE PUBLICITÁRIO NOS ESTÚDIOS

Harold R. estudava comigo em Hollywood. Trabalhava em uma agência de publicidade redigindo textos. Era diplomado em colégio e desejava promoção e mais dinheiro, mas como poderia consegui-los? Quando ficou conhecendo meditação transcendental, começou a entrar em meditações diárias, de meia hora, à noite imediatamente antes de deitar-se, visualizando e projetando-se em emprego em um grande estúdio, como publicitário. Visualizou que esse era o trabalho que gostaria de fazer, em ambientes deslumbrantes, conhecendo pessoas de qualidade e interesse. Projetou um salário de 200 dólares por semana.

Depois de duas semanas de constante meditação, Harold R. conseguiu emprego, mas não como publicitário em um grande estúdio. Foi em um jornal de Los Angeles, no departamento de textos, redigindo anúncios semelhantes aos que fazia na agência de publicidade. Contudo, passou a receber os 200 dólares por semana que havia projetado mentalmente.

Mas Harold R. não deixou de projetar sua imagem ideal de emprego. Não sabia como, mas sentia que iria vencer e ser contratado por um estúdio algum dia.

Depois de dois meses em seu novo emprego, conheceu o editor do noticiário de teatro e cinema. Foi almoçar com ele e com um homem que trabalhava em um dos maiores estúdios de Hollywood. No decorrer do almoço, esse homem, que era publicitário e chefe de departamento, observou que seu departamento estava precisando de um assistente acostumado a escrever matérias de publicidade. Perguntou ao editor se conhecia alguém. Essa era a oportunidade que Harold S. estava esperando. Expôs ao homem suas qualificações e conseguiu uma entrevista no estúdio, na qual obteve o emprego. Seu salário? Exatamente o que vinha projetando! Foi uma maneira estranha e indireta de conseguir o emprego, mas às vezes acontece assim.

RESUMO DO CAPÍTULO 1

1. Como você pode usar o poder milagroso de meditação transcendental para obter saúde, felicidade e prosperidade.
2. Você pode entrar no quarto estado de consciência, no qual será capaz de obter poderes mais altos do que sua mente consciente e conseguir controle absoluto de sua mente, seu coração, sua pressão arterial e as funções automáticas do corpo.
3. As coisas milagrosas que meditação transcendental pode fazer por você, melhorando sua memória, aumentando sua imaginação e revelando poder criativo que pode torná-lo um gênio.
4. Um comerciante, Frank E., foi capaz de obter notável sucesso em seus negócios em poucas semanas, depois que aprendeu a aproveitar o milagroso poder prático de sua mente superior através de meditação.
5. Como você pode entrar no comprimento de onda Alfa de controle cerebral pelo uso de meditação e como isso o ajuda a conseguir instantânea paz mental e grande poder mental.
6. Como você pode resolver problemas e livrar-se de preocupações e outras emoções negativas entrando na meditação conhecida como lago espiritual.
7. Uma mulher usou esta meditação para vencer doença cardíaca, obesidade e outros males que a incomodavam mental e fisicamente.

8. Como você pode usar meditação transcendental para tornar sua personalidade mais magnética, dinâmica e vigorosa, conquistando amigos e oportunidades de negócios.

9. Uma moça usou estas meditações para vencer timidez, medo e ansiedade, que faziam dela uma jovem desdenhada. Depois de algumas semanas de prática, recebeu duas propostas de casamento!

10. Como você pode projetar seus sonhos interiores de segurança e independência financeira para o mundo objetivo exterior por meio dessas meditações transcendentais.

11. Uma mulher usou estas meditações e projetou a quantia de 5.000 dólares. Em pouco tempo, vendeu uma propriedade e sua comissão, juntamente com um presente que recebeu, completou toda aquela importância.

12. Como usar meditação para elevar-se ao cargo que deseja. Um homem usou este método, projetou-se em um cargo de executivo em sua empresa e foi escolhido entre dez candidatos.

13. Como usar meditação para projetar seus sonhos de coisas materiais — automóveis, peles, jóias, títulos e ações, casas e terrenos — e conseguir essas coisas facilmente, sem fazer esforço.

14. As meditações a serem usadas para tornar-se rico e bem sucedido e para encontrar sua verdadeira alma gêmea.

15. Harold R. usou essas meditações para obter certo emprego no departamento de publicidade de um grande estúdio cinematográfico. Obteve êxito e passou a ganhar exatamente o salário que havia projetado.

2 COMO PROGRAMAR SEU NOVO DESTINO ATRAVÉS DO PODER DE MEDITAÇÃO TRANSCENDENTAL

Você está levando uma vida que realmente não escolheu e de que não gosta?

É possível que sim, pois noventa e cinco por cento das pessoas não escolhem acontecimentos em sua vida, mas deixam que acontecimentos as escolham.

Você possui dentro de sua consciência uma mente superior que sabe como dirigi-lo para seu destino certo. Pode estabelecer contato com essa mente superior, entrando em medição transcendental e pedindo a ela que o guie.

Através de meditação, você pode ser guiado para o trabalho certo que deveria estar realizando. Pode receber informação direta sobre como efetuar mudança em sua vida: onde deve viver e como realizar as coisas que deseja.

COMO PROGRAMAÇÃO MENTAL NEGATIVA AFETA PESSOAS

A maioria das pessoas é programada negativamente desde o momento em que nasce. Herda todo um conjunto de motivadores de mente consciente e subconsciente, que cria seu destino. A maioria desses programadores de mente é produzida pela consciência de massa através dos séculos e só muda quando você aprende a entrar em meditação e reprogramar seus centros mentais superiores com todo um novo conjunto de valores mentais, físicos e espirituais.

Joe G. foi programado desde a infância a acreditar que seria pobre a vida inteira. Nasceu em uma fazenda no Sul, onde a família trabalhava como meeira de um rico fazendeiro. Como era preto, foi programado para acreditar que precisaria ser inferior e inculto durante toda a vida; disseram-lhe que todo o dinheiro era dos homens brancos; que ele nunca poderia elevar-se acima das baixas circunstâncias de sua origem.

Joe G. foi finalmente convocado para o exército e veio a Nova York, onde por acaso compareceu a uma de minhas palestras no Carnegie Hall. Nunca ouvira falar sobre meditação, programação mental ou metafísica. Ficou instantaneamente impressionado pelo fato de qualquer pessoa, fossem quais fossem as circunstâncias de seu casamento, falta de instrução ou outras condições negativas, poder mudar seu destino e atrair tudo quanto desejasse na vida.

Procurou-me depois da palestra e perguntou-me como poderia usar meditação transcendental para ajudá-lo a construir uma vida nova. Ia deixar o exército dentro de pouco tempo e planejava voltar à sua terra e seguir as pegadas da família, marcadas pela pobreza, na única vida que conhecia.

Mostrei-lhe como entrar em meditação; como alcançar sua mente superior e pedir-lhe orientação. Expliquei-lhe que ninguém precisaria dizer-lhe como nascer, mas que este importantíssimo acontecimento de sua vida ocorrera inteiramente sem sua percepção ou assistência consciente. Uma potência superior falara-lhe no útero da mãe e dissera-lhe como nascer.

Expliquei ainda como essa maravilhosa mente cósmica assume o controle e atende a todas as nossas necessidades depois que nascemos. Essa potência não deixa de trabalhar quando saímos para o mundo exterior, mas trabalha ainda melhor quando sabemos como libertá-la. Existe à espera do bebê recém-nascido uma fonte de leite, preparado para alimentá-lo e sustentar seu corpo, por um químico cósmico que conhece todos os ingredientes secretos que devem ser postos naquele leite de mãe. Perguntei-lhe: "Você pode deixar de confiar em uma inteligência que sabe mais do que você ou do que qualquer outro ser humano vivo?"

Esse foi o começo de uma completa transformação na vida de Joe C. Ele deixou o exército, voltou para Nova York, onde continuou seus estudos de filosofia mística comigo, e logo estava trabalhando e esperando a orientação que lhe diria como realizar seu destino.

Todo dia, eu dizia a Joe para meditar pelo menos meia hora em seu futuro destino. Mostrei-lhe como levar para a meditação um pedaço de papel no qual tivesse escrito:

Para que trabalho estou mais bem adaptado?

Como posso adquirir instrução?

Devo voltar para minha terra ou ficar em Nova York?

Enquanto permanecia sentado em meditação, nada parecia acontecer, mas Joe tinha um sentimento de calma e a certeza de que seria guiado diretamente para seu destino.

Um dia, quando visitava a Biblioteca Pública da Quinta Avenida, Joe viu uma lista de ocupações para as quais poderia ser treinado através do programa de assistência aos veteranos que estava sendo executado pela Municipalidade. Na lista, viu uma escola que treinava veteranos para veterinários. Algo em sua mente encaixou-se imediatamente no lugar quando leu o anúncio. Como se em sua mente um computador tivesse de repente revelado dados secretos e ocultos, ele se viu levado de volta aos seus dias na fazenda, quando amava animais e era capaz de tratar muitas de suas doenças sem necessidade da ajuda de um profissional. Ficou sabendo naquele instante que desejava tornar-se veterinário.

Joe matriculou-se na escola e, com um empréstimo feito pela organização de veteranos, concluiu sua instrução. Não voltou para sua terra, mas instalou consultório em uma comunidade vizinha e tornou-se um dos melhores veterinários do país!

VOCÊ PODERÁ SER TUDO QUANTO QUISER SER

Usando o espantoso poder de meditação transcendental, você pode literalmente tornar-se qualquer coisa que quiser ser.

Pode programar mentalmente sua mente superior, entrando em vários estágios de meditação, como aprenderá neste livro, e rapidamente, quase da noite para o dia, a adquirir poder mental para mudar as circunstâncias de sua vida. Assim como você forma seus hábitos mentais, seus hábitos mentais formarão seu novo destino.

COMO A MEDITAÇÃO LEVOU ESTA MOÇA A UM CASAMENTO FELIZ

Há dois anos, uma moça procurou-me e contou-me como era infeliz. Contou-me ela: "Durante toda minha vida, minha mãe me disse que nenhum homem casaria comigo. Meu pai tornara-lhe a vida miserável; ele tinha aventuras com outras mulheres e acabou abandonando-a por outra." Depois me contou como, por ter-se convencido de que nunca casaria, jamais havia namorado, embora estivesse com vinte e dois anos de idade.

Coloquei imediatamente essa moça em um regime de meditação, no qual começaria a imaginar sua alma gêmea. Disse-lhe que visualizasse o homem ideal, com qualidades de bondade, delicadeza, fidelidade e estabilidade emocional. Em seguida, recomendei-lhe que repetisse para si própria vezes e vezes as seguintes declarações, enquanto mantinha em sua mente essa imagem de casamento e amor permanente durante seus períodos de meditação:

> *Estou no círculo mágico do amor protetor de Deus. É meu destino atrair amor perfeito. Sei que minha alma gêmea existe e que eu a atrairei por invisíveis cordões cósmicos de amor divino.*

Ela deveria repetir essa declaração da lei cósmica cinco vezes. Ficaria depois sentada em meditação e construiria seu futuro lar de sonho com sua alma gêmea. Deveria ver-se recebendo seus amigos; foi-lhe dito que escolhesse o número de filhos que abençoariam seu casamento e fizesse deles uma realidade, vendo-os como crianças reais; depois deveria repetir as seguintes declarações positivas para romper a programação mental negativa que a mantivera escravizada à idéia de que nunca teria amor e casamento perfeito:

Agora quebro o molde da programação passada. A experiência de minha mãe de maneira nenhuma afeta meu destino futuro. Eu sou um ser independente, capaz de ações de livre arbítrio e agora escolho os acontecimentos que modelarão meu destino.

A moça entrou nesse tipo de meditação durante meia hora por dia no decorrer de uma semana. Nada aconteceu a princípio. Ela me dava notícias diariamente pelo telefone, mas sentia-se melhor, mais contente e com a impressão de que alguma coisa maravilhosa ia acontecer.

Na segunda semana de meditações, o milagre começou. Um vendedor entrou em sua sala e, como que atraído por um ímã oculto, caminhou até sua mesa, sorriu e apresentou-se. Mais tarde ela disse que soube instintivamente ser esse o homem de seus sonhos. Começaram a sair juntos no dia seguinte e, três meses depois, ela se casou com esse homem simpático, que mostrou ser exatamente igual ao amante de seus sonhos!

DÊ ESTES DEZ PASSOS SIMPLES PARA PROGRAMAR SEU NOVO DESTINO ATRAVÉS DE MEDITAÇÃO TRANSCENDENTAL

Passo n.º 1. Invoque a lei de ordem cósmica em sua vida cotidiana por meio de meditação. Quando entrar na quietude, diga à sua mente confusa: "Paz, fique quieta. Fique quieta e saiba que eu sou Deus." Esta declaração de força positiva, tirada da Bíblia, ajuda a focalizar poder mental e físico.

Enquanto aquieta sua mente e põe sua casa mental em perfeita ordem, guarde mentalmente todas as suas preocupações, ansiedades e temores em um armário mental, onde não mais atravanquem a ordeira aparência de sua mente. Depois de limpar esses entulhos negativos do campo de ação mental, você terá um sentimento de calma e um senso de harmonia dentro de si próprio.

COMO UM HOMEM AUMENTOU SUA RENDA POR ESTA FORMA DE MEDITAÇÃO

Um homem procurou-me certa vez para contar-me que estava perdendo cada vez mais dinheiro em seu negócio. Disse ele: "As coisas fugiram do controle em nosso escritório. Pedidos atrasam-se, papéis extraviam-se, a confusão é geral. Estamos entrando rapidamente em déficit e eu não sei o que fazer."

O homem estava muito nervoso; começava a falar e parava, torcia as mãos, mexia o corpo e mostrava sinais de agitação geral. Conheço muito bem esses sintomas: confusão mental e desorientação completa, que freqüentemente precedem um colapso nervoso total.

Depois de ouvir a longa história de como sua vida familiar se deteriorara e como as brigas constantes com sua esposa e seus três filhos haviam-no levado a pensar seriamente em suicídio, percebi que o homem chegara ao fim de sua corda mental e estava a ponto de dar o desesperado mergulho final no esquecimento, de pôr termo à sua miséria mental e física.

Instantaneamente coloquei esse homem em estado Alfa de meditação, no qual suas ondas cerebrais foram retardadas para oito a doze ciclos por segundo, dizendo-lhe que visualizasse sua mente como um lago pacífico e seus pensamentos perturbados como vagas ou ondas na superfície do lago. Depois deveria empurrar mentalmente para baixo cada pequena onda até ficar submersa no corpo do lago. Quando todas as ondas tivessem sido removidas por esse processo mental, a mente ficaria calma e quieta como o lago, que poderia então refletir o céu azul no alto, o sol dourado e as árvores verdes às suas margens.

Logo uma expressão tranqüila apareceu na fisionomia do homem. Depois levei-o a meditação cada vez mais funda, até ele estar completamente calmo e tranqüilo. Dei-lhe uma série de programadores mentais positivos para repetir sempre que se sentisse confuso. Falei-lhe para dizer esses programadores de cinco a dez vezes até ter alcançado a quietude do exercício de lago Alfa:

> *Encontro-me em estado de harmonia e paz. Projeto agora ordem em meu ambiente. Meus pensamentos estão sob controle. São pacíficos, calmos, amorosos, alegres e confiantes. Eu estou frio e calmo como aquele lago, e minha mente está em perfeito equilíbrio e ordem.*

Três semanas depois, esse homem procurou-me de novo. Estava mudado. Suas primeiras palavras foram: "Aconteceu um milagre.

Deixei de preocupar-me. Não perco mais a calma com tanta freqüência quanto antes e, desde que pus minha mente em ordem, pareço ter mais energia do que nunca. Agora meu escritório parece mais ordeiro, e mesmo minha esposa e meus filhos parecem reagir com mais amor e compreensão."

Esse homem não compreendeu o milagre que havia ocorrido. Quando sua mente se tornou ordeira e calma, seu ambiente adquiriu as qualidades que ele lhe trouxe, pois a vida é como um espelho, que reflete o que colocamos à sua frente.

Passo n.º 2. Antes de iniciar as atividades diárias, sente-se durante cinco minutos em meditação e programe as atividades do dia. Prepare uma lista, como quando vai fazer compras, e relacione as várias ações para esse dia.

Se você é vendedor, programe que fará cinco vendas nesse dia.

Se você é dona de casa, programe um dia de ação pacífica, valores emocionais positivos e experiências alegres com a família. Programe a exclusão de sua ansiedade mental, preocupação e medo, entregando-se às forças positivas que deseja invocar nesse dia.

Se trabalha por conta própria, programe a renda desse dia, as vendas que seus empregados farão, a atmosfera geral de sucesso que deseja manter e o nível de serviço que seu estabelecimento manterá.

Passo n.º 3. Cada dia, quando em meditação, construa o ímã cósmico de sucesso e abundância. Isto é feito magnetizando seus centros cerebrais com todas as facetas de sucesso mentais, físicas, materiais e espirituais.

Enquanto está sentado em meditação, passe cada pensamento de sucesso através dos filamentos de seu cérebro, de maneira muito semelhante àquela pela qual a corrente elétrica passa através dos filamentos de uma lâmpada. Isto tende a magnetizar suas correntes de pensamentos com qualquer carga emocional que esteja em sua mente.

Absorva o sucesso em todos seus numerosos aspectos. Veja-se ganhando dinheiro e construindo as coisas que deseja. Visualize seu corpo como sendo sadio e forte. Veja-se atraindo amigos e gozando de seu amor e respeito. Visualize a casa ou apartamento de seus sonhos, em que deseja viver. Projete mentalmente a quantia de mil dólares e afirme várias vezes em meditação: "Este dinheiro virá a mim de fontes inesperadas."

COMO UMA MULHER MAGNETIZOU MAIS 1.800 DÓLARES DE SALÁRIO PARA O MARIDO POR ESTE MÉTODO

A carta de uma mulher de San Diego contou-me como ela magnetizou mais 1.800 dólares anuais de salário para seu marido. Eu havia feito uma Palestra de Demonstração naquela cidade e falara sobre esse método de fazer milagres através de meditação. Ela começou então a projetar essa quantia de dinheiro para seu marido. Exatámente duas semanas depois, ele foi chamado ao escritório do gerente e informado de que seu nome estava incluído com os de três outros empregados para um aumento de salário exatamente naquela importância.

Passo n.º 4. Antes de entrar em meditação, escreva uma lista das dez coisas que você deseja mais do que tudo no mundo. Sua lista poderá ser mais ou menos assim:

Eu desejo as seguintes coisas:

A. Um novo emprego, com o salário que eu quero.
B. Gostaria de obter a quantia de 500 dólares de fontes inesperadas.
C. Desejo fazer uma viagem à Europa nas minhas férias.
D. Desejo atrair os amigos certos e ter o tipo de vida social de que gosto.
E. Desejo adquirir dons e talentos criativos, como os de pintor, escritor, músico, compositor e inventor.
F. Desejo felicidade em amor e casamento.
G. Desejo estabelecer-me por conta própria.
H. Gostaria de ter novas idéias para promover meus negócios e ganhar mais dinheiro.
I. Gostaria de melhorar minha personalidade e tornar-me mais magnético e atraente.
J. Gostaria de vencer o hábito de fumar.

Um moço que iniciou este regime de meditação preparou uma lista de dez coisas que desejava ocorressem em sua vida. Em dois meses, cinco delas aconteceram e ele está agora trabalhando confiantemente nas outras cinco. Quando você alcançar vários de seus objetivos, mude a lista e medite em outras coisas que deseja que aconteçam em sua vida.

Passo n. 5. Leve para meditação um regime de hábitos mentais positivos que você deseja adquirir e programe-os diariamente em seus centros mentais superiores. Este esquema pode ser um regime diário mais ou menos assim:

Segunda-feira. Hoje invocarei a lei de ordem e harmonia divina em minha vida. Meus pensamentos e ações estão todos de acordo com ordem, harmonia e equilíbrio.

Terça-feira. Neste dia liquidarei todos os negócios inacabados em minha mente e meu ambiente. Escreverei aquelas cartas que vinha adiando. Procurarei o cliente a quem quero vender. Começarei a vencer meus hábitos errados de alimentação e entrarei em dieta para emagrecer.

Quarta-feira. Hoje meditarei no bem que espero da vida. Estou esperando minhas coisas boas através de muitos canais. Vejo toda situação levando finalmente ao bem, apesar de suas atuais aparências negativas. Minha mente está agora modelada com a imagem de experiências agradáveis e bondade.

Quinta-feira. Meditarei hoje sobre a beleza em todas as suas numerosas formas. Tenho noção de beleza espiritual interior que se irradia de minha alma e abençoa toda pessoa com quem me encontro. Estou consciente da dominadora beleza da natureza e estou em harmonia com as forças místicas que causam a majestade e maravilha da natureza, com suas flores multicoloridas, suas árvores graciosas, seus magníficos oceanos, rios e lagos. Estou integrado nesse quadro de beleza.

Sexta-feira. Meditarei hoje sobre a emoção do amor e seus efeitos em minha vida. Fui criado no mágico círculo de amor divino e expressarei o dia inteiro amor por todas as pessoas com as quais me encontrar. Deus é amor e este conhecimento expulsa os efeitos negativos de ódio, inveja, suspeita e animosidade.

Sábado. Hoje meditarei nas virtudes de moralidade, caridade e bondade. Esforço-me por conduzir-me em elevada base moral e ética, conhecendo a lei cósmica de equilíbrio e harmonia. Dou aos outros minha alegria, meus sorrisos, meu encorajamento e louvor, e em troca recebo amizade, amor e felicidade. Esforço-me para aperfeiçoar minha personalidade e conseguir idealismo em todas as facetas de meu ser.

Domingo. Em minha meditação de hoje, demorarei no mistério por trás da vida, na natureza de Deus, na alma humana e no propósito por trás desta jornada mística através do tempo e do espaço. Tenho noção de minha unicidade com a mente cósmica e agora reajo com fé no poder e com alegria e perplexidade pelos milagres que se expressem em minha vida cotidiana.

Uma moça de vinte anos pôs em prática esse regime durante um período de três semanas. Meditou cada dia em uma das declarações acima e posteriormente me comunicou que sua vida começou de repente a refletir mais harmonia, paz e beleza do que ela já tivera antes.

Um homem de sessenta anos, que vivia pensando na idade e na doença, começou a meditar dentro desse regime diário e logo seus temores se dissiparam. Chegou a dizer que se sentia vinte anos mais moço do que antes.

A meditação clareia os canais mentais e espirituais e põe você em direta harmonia com o poder da mente cósmica superior que sabe o que você deve fazer em cada momento de sua vida.

Passo n.º 6. Conhecimento é poder. Cada dia faça questão de programar em seus centros mentais superiores alguma nova forma de conhecimento que possa usar para modelar seu destino futuro. Aprenda uma palavra nova; decore uma poesia, escreva um ensaio curto sobre amor, amizade ou beleza. Tente desenhar ou pintar tendo a natureza como modelo. Estude o cenário atual e saiba o que está acontecendo nas várias partes do mundo. Enquanto medita sobre conhecimento superior, seus centros cerebrais passam a ser magnetizados pelo novo senso de poder, e isso lhe aumenta imensuravelmente a experiência da vida.

Passo n.º 7. Cada dia programe em seus centros mentais superiores emoções positivas e quebre o molde de pensamentos e hábitos negativos passados.

Medite sobre confiança por alguns momentos e programe seu subconsciente com essa emoção. Repita quatro ou cinco vezes:

Tenho confiança em mim e em meu futuro. Fui criado perfeito. Agora expresso essa perfeição em minha personalidade, meu trabalho e minha vida cotidiana. Venço a emoção negativa de medo e sei que estou cercado pelo círculo protetor de luz, poder e bem de Deus.

Faça a mesma coisa com as emoções de bem, paz, perdão, tolerância, amor, bondade e caridade. Enquanto medita em cada emoção positiva e a programa em sua consciência, o hábito de ser positivo forma-se em você e gradualmente você quebra o molde de pensamentos negativos passados.

Passo n.º 8. Programe cada dia um senso de seu verdadeiro valor e construa a auto-imagem de firmeza, confiança e magnetismo em sua personalidade. Esta meditação pode ser feita em frente do espelho imediatamente antes de você sair para suas atividades diárias. Diga dez vezes: "Nasci para um grande destino. Vou dar hoje alguma coisa de grande valor para o mundo e receberei em troca ricas recompensas em dinheiro, amizade, fama, alegria e satisfação."

Um famoso cantor de concerto, a quem transmiti esse segredo, ficou em pé diante do espelho e cantou, subindo e descendo a escala: "Eu sou um grande cantor." Fez isso dez ou quinze vezes, o que pareceu ajudá-lo a projetar em sua voz uma qualidade de grandeza que lhe deu muito sucesso.

Uma moça, que fora programada para pensar que era feia e não atraente aos homens, usou esta técnica em meditação e transformou-se de jovem desdenhada em uma personalidade completamente nova e dinâmica. Dizia em voz alta, enquanto olhava para o espelho: "Eu tenho um segredo. Sou linda e sou amada". Começou a agir como se fosse uma grande beldade e logo criou tal aura de beleza em sua personalidade que as pessoas passaram a achá-la muito atraente.

Passo n.º 9. Use a meditação de Flor de Lótus todos os dias para dar à sua mente um senso de propósito elevado e elevação de ânimo. Visualize uma flor de lótus presa do seu lado; veja-a ao nível de um metro para inspiração cotidiana. Lótus é o símbolo da beleza, perfeição espiritual e reflexo de Deus na alma. Quando você deseja níveis superiores de inspiração para trabalho criativo, como escrever, compor música, pintar ou inventar, medite no lótus na posição de um metro e meio. Enquanto o lótus é elevado, sua mente o acompanhará e seu espírito será inspirado a criar a imagem de sua beleza e perfeição.

Use as alturas do lótus em um metro e oitenta, e três metros para inspiração extrema, para amor, para magnetismo, para poder espiritual e para meditar no supremo mistério por trás da vida. A meditação na altura de três metros é quando a alma conhece seu verdadeiro êxtase espiritual e se mistura com a luz, no que é conhecido como descoberta do nirvana ou absoluto.

Passo n.º 10. Instile em sua mente superior o poder da fé. Perceba que a fé pode curá-lo de toda condição negativa em sua vida. Diga dez ou quinze vezes: "Minha fé me fará inteiro." Até você acreditar realmente que pode realizar tudo quanto deseja na vida.

Um estudante colegial chegava a cada exame com medo, certo de que ia falhar. Passava com notas baixas, até quando mudou sua programação mental e passou a repetir imediatamente antes de cada exame dez ou quinze vezes: "Passarei neste exame com notas altas." Começou a melhorar imediatamente, pois sua fé libertou o conhecimento superior de sua mente subsconsciente, onde todo conhecimento está armazenado, e diplomou-se com as notas mais altas de sua classe.

RESUMO DO CAPÍTULO 2

1. Como programação mental negativa o afeta e como você pode mudá-la para programação positiva, a qual lhe dá um novo conjunto de valores mentais, físicos e espirituais.
2. Como Joe C. se programou para uma experiência de vida completamente nova e venceu a programação negativa de pobreza, privação e limitação.
3. Como usar o milagroso poder prático de meditação transcendental e tornar-se tudo aquilo que você deseja ser.
4. Como uma moça usou esse poder para superar uma meninice negativa, na qual acreditava que nenhum homem se apaixonaria por ela. Em pouco tempo, conquistou

perfeito amor e teve um casamento feliz com sua verdadeira alma gêmea.

5. Como invocar a lei cósmica de ordem e harmonia em sua vida através de meditação sobre as forças positivas da vida.
6. Um homem de negócios resolveu seus problemas e venceu seu desejo de praticar suicídio, através de meditação; aprendendo como entrar no estado alfa, foi capaz de resolver seus problemas e obter maior sucesso do que nunca antes.
7. Como construir seu ímã pessoal de sucesso e abundância, e magnetizar e atrair para sua órbita tudo quanto você deseja.
8. Como uma mulher magnetizou e obteve um aumento de salário de 1.800 dólares para seu marido por meio dessa técnica.
9. O esquema diário positivo para meditação, no qual você estabelece um regime semanal para ajudar a modelar seu destino futuro.
10. Como uma moça de vinte anos programou sua vida para dar paz, harmonia e beleza a suas atividades cotidianas.
11. Como programar conhecimento superior em seus centros mentais para aumentar sua soma total de conhecimento completo.
12. Como carregar emocionalmente as baterias de sua mente com valores positivos, através de emoções positivas, e como expulsar de sua mente consciente emoções de medo, preocupação, ódio e limitação.
13. Como submeter-se ao tratamento do espelho para vencer embaraço, inferioridade e inadequação, substituindo-os por autoconfiança, fortaleza e nova auto-imagem de poder e magnetismo dinâmico.
14. A meditação de lótus para dar à sua mente um senso de propósito elevado e elevação de ânimo. As quatro posições da flor de lótus para todos os propósitos da vida.

COMO EXPANDIR A CONSCIÊNCIA E ENRIQUECER A VIDA ATRAVÉS DE MEDITAÇÃO

3

Muitas pessoas jovens estão hoje esforçando-se para obter uma consciência expandida pelo uso de drogas e talvez consigam certo grau de expansão da consciência, mas isso não dura e pode realmente ser lesivo ao cérebro e ao corpo.

Todavia, existe um método pelo qual você obtém consciência expandida e poderes superiores da mente, sem qualquer perigo para sua saúde e sanidade.

Neste capítulo, exploraremos esse método e mostraremos como você pode conseguir poder mental dinâmico e enriquecer sua vida através de métodos místicos simples de controle e meditação.

OS CINCO PASSOS DE CONTROLE IOGA PARA EXPANSÃO DA MENTE ATRAVÉS DE MEDITAÇÃO

1. Entre em estado de meditação, como está explicado no capítulo 1.

2. Controle os pensamentos, escolhendo um pensamento de cada vez, e concentre todos os poderes da sua mente nesse único pensamento.

Controle os nervos e o corpo, permanecendo imóvel durante cinco minutos seguidos. Olhe para um ponto na parede e dirija toda sua energia mental e nervosa para aquele ponto, dizendo a você mesmo: "Eu agora controlo meus pensamentos, nervos e músculos, e assumo a pose de estátua, na qual concentro todo poder e energia de meu corpo e mente."

3. Purificação e regeneração são o terceiro passo para expansão e elevação da mente. Isto é feito por uma forma especial de respiração, que ajuda a purificar a corrente sangüínea e promove a adequada química de cérebro e corpo.

Respire lentamente pelas narinas contando até quatro. Prenda a respiração depois de contar quatro, em seguida abra seu diafragma e solte o ar contando um.

Esta é uma respiração tranqüilizadora e curativa, que deve ser usada quando você deseja limpar sua mente de entulhos negativos e encher as células de seu corpo de magnetismo e eletricidade. Esta respiração energizadora e purificadora deve ser feita pelo menos de dez a quinze vezes e pode ser repetida três vezes por dia.

4. Dedicação é o quarto passo na expansão da mente. Toda manhã, quando acordar, faça a respiração acima e depois se submeta a uma cerimônia de dedicação que o unirá com a fonte de todo o poder por trás da vida.

O SEGREDO DE REGENERAÇÃO DA VIDA DE UM MONGE TIBETANO

Encontrei-me certa vez no norte da Índia com um monge tibetano de um dos grandes conventos do Himalaia. Ele carregava consigo uma roda de oração na qual havia inscrito centenas de preces à divindade Cada vez que virava a roda de oração, essas preces subiam a Deus. Então ele me contou o segredo de sua juventude e vitalidade, pois já havia passado dos cem anos de idade, e ainda parecia e agia como um homem de pouco mais de cinqüenta anos.

Assim como esta roda de orações faz com que centenas de preces se elevem cada vez que é girada, eu também dedico minha respiração, toda manhã quando acordo, ao espírito cósmico de Deus. Como respiração é o primeiro dom que Ele nos dá e é o último que Ele nos tira, é importante encarar respiração como uma das forças mais vitais na regeneração mental e espiritual. Toda manhã, quando acordo, com minha primeira respiração, faço uma oração de graças por outro dia de vida e em seguida dedico cada respiração daquele dia a Deus, como testemunho vivo de seu Poder, Majestade e Força. Nesse dia, cada vez que respiro, estou sendo recarregado com energia vital dinâmica. Este é o segredo de minha vitalidade e força vital.

5. O passo seguinte para expansão de consciência é elevação ou absorção na luz.

Sente-se em meditação e visualize uma montanha a distância, erguendo-se majestosamente da planície, depois suba mentalmente por aquela montanha, começando com a percepção do planalto que você precisa primeiro atravessar.

Este representa a base física da existência do homem, seu corpo, seus apetites, seus desejos da carne. Quando o homem passa noventa por cento de seu tempo tendo percepção deste plano, torna-se cada vez mais envolvido pelas necessidades de seu corpo, pela dor e doença física, pela idade e pela morte. Sua mente, isolada nesse plano limitado, concentra-se em ganhar dinheiro, pagar contas, ficando dominada por obsessões, e ele não consegue elevar-se aos mais altos reinos da inspiração e glória.

Só quando se liberta dessa existência terrena e se eleva aos ilimitáveis reinos de imaginação, é que o homem se torna capaz de livrar-se dos pesos e cuidados da vida.

COMO UMA MULHER CONSEGUIU LIVRAR-SE DE CUIDADOS

Em nosso trabalho de palestras na cidade de Nova York, entrou uma mulher que apresentava todos os sintomas de fadiga, tédio, ansiedade e incapacidade de concentrar-se, o que indicava estar ela mentalmente presa à terra e mentalmente, tanto quanto fisicamente, doente. Contou-me como fora presa nas rotinas da vida: cozinhar, lavar louça, fazer compras, tomar conta de três filhos e nunca ser capaz de relaxar-se de suas tarefas por um momento.

Dei a essa mulher um regime para expansão de consciência, no qual ela devia sentar-se em meditação todo dia durante quinze minutos e elevar-se ao cume da montanha espiritual. Devia erguer-se primeiro ao nível de mente e todo dia concentrar-se em adquirir algum interesse por idéias mentalmente estimulantes. Devia tirar uma idéia de algum livro de filosofia, psicologia ou da Bíblia e concentrar-se em sua significação. Devia aprender uma poesia ou uma palavra nova cada dia, até sua mente tornar-se um depósito de idéias interessantes.

Depois, na outra semana, devia subir ao nível seguinte do cume da montanha espiritual, a imaginação, e pôr em foco algumas idéias novas e interessantes no reino da imaginação, como ver-se, por exemplo, fazendo uma viagem. Devia fazer isso cada dia durante aquela semana até ter fortalecido o poder de sua imaginação e ser capaz de passar por sua mente muitas cenas imaginárias nas quais projetasse a si própria, libertando-se assim da servidão do seu mundo do dia a dia.

Depois, como último estágio de sua escalada ao cume da montanha espiritual, devia meditar nas coisas mais belas que havia experimentado em sua vida; cenas belas que presenciara, flores bonitas, alguma música clássica sublime, ideais elevados e conceitos espirituais de Deus e da alma. Este era o último estágio de sua ascensão ao cume da montanha espiritual e o mais importante, pois a levaria muito acima dos limitados vales da mente mortal de labuta e tédio cotidianos até a estratosfera espiritual de uma consciência expandida e à percepção das maravilhas cósmicas do universo.

As mudanças que ocorreram nessa mulher em dois meses foram verdadeiramente espantosas. Primeiro, ela perdeu a aparência de idade e fadiga que antes era tão proeminente. Depois me informou que seu trabalho não parecia tão cansativo, pois agora tinha a mente ocupada com suas meditações enquanto trabalhava, e tinha inspiração e conhecimento de que, através de seus esforços físicos, estavam sendo dados a seu marido e seus filhos o conforto e bem-estar que os faziam fortes, sadios e felizes.

Entretanto, o mais espantoso de tudo, foi que, enquanto projetava imagens mentais de si própria através de sua imaginação, essas coisas realmente começaram a acontecer em suas experiências exteriores. Quando se projetou em uma viagem mental ao Havaí, não tinha a menor idéia de que um dia iria até lá, mas o marido recebeu de repente uma grande gratificação de sua firma, e os dois fizeram uma segunda lua-de-mel naquela bela ilha!

USE ESTE REGIME PARA OBTER CONSCIÊNCIA EXPANDIDA ATRAVÉS DE MEDITAÇÃO

1. Sente-se em meditação e concentre seu poder mental sobre as ricas e maravilhosas experiências novas que deseja atrair.

Se deseja enriquecer sua vida, ponha pensamentos ricos em sua consciência. Se deseja criar pinturas magníficas, escrever grandes romances ou compor bela música, medite nos ideais superiores que foram atingidos pela humanidade no terreno determinado que lhe interessa. Para inspiração musical, ouça a música de Beethoven, Chopin, Mozart e Handel, enquanto permanece sentado em silenciosa meditação. A sublime beleza dessa música fixa-se em sua consciência e tece sua tapeçaria de sonhos para que você a emule em sua própria vida.

COMO UM COMPOSITOR FRANCÊS USA ESTE MÉTODO

Um jovem compositor francês, que conheci em Paris há alguns anos, usa este método para compor música magnífica. Absorve, concentra e depois, em meditação, cria as magníficas sinfonias que parecem fluir das pontas dos dedos como se viessem de alturas celestiais. Ele alcançou tremendo sucesso e tem apenas vinte e oito anos, provando que não é preciso ser velho ou experiente para fazer grandes coisas.

Uma moça que conheci em Nova York precisava de 1.000 dólares para algumas coisas específicas que deseja realizar. Disse-lhe para entrar em meditação no cume da montanha espiritual e projetar o dinheiro como realidade. Ela deveria imaginar-se tendo o dinheiro; deveria contá-lo e depois ver-se mentalmente gastando-o nas coisas que desejava. Três semanas depois, ela tinha o dinheiro, que lhe veio da maneira mais inesperada, de uma fonte que nunca julgara possível. O pai possuía muitas ações e dera mil delas a essa moça e mil à irmã. Mas as ações caíram cada vez mais e passaram a valer apenas alguns centavos cada uma. A família guardara as ações em um baú e esquecera-as. Um dia, essa moça sentiu desejo de limpar o velho baú que encontrou no porão e, quando viu as ações, perguntou ao pai se podia vendê-las. Consultou um corretor e descobriu que cada ação estava valendo um dólar. Obteve assim os 1.000 dólares, da maneira mais misteriosa!

2. Se você deseja aumentar seus bens ou enriquecer seus bolsos, sente-se em meditação e projete os bens, o dinheiro ou as experiências maravilhosas que deseja. Suba ao cume da montanha espiritual e medite na realidade das coisas que deseja. Visualize-se atraindo a experiência que deseja, veja-se em companhia das pessoas que quer ter como amigos, veja-se mentalmente alcançando a meta que fixou para você ou realizando o trabalho que julga convir-lhe. Sentado em meditação, diga a você mesmo baixinho e com fé: "Eu agora me elevo em consciência ao meu domínio certo e consigo toda coisa boa e bela que Deus deseja para mim e minha vida."

3. Para acabar com a solidão, para conquistar amigos e amor, para adquirir experiências de vida emocionante, sente-se em meditação e eleve a mente aos planos de inspiração e beleza. Afirme a você mesmo: "Estou cercado por uma aura de amizade e amor. Magnetizo amigos e pessoas amadas. Projeto a beleza, a inspiração e o amor, tornando-me um ímã que atrai para mim aquilo que tenho agora na consciência."

COMO UMA MULHER EM ATENAS, GRÉCIA, USOU ESTA FÓRMULA

Um dia, depois de uma palestra que fiz em Atenas, na Grécia, uma mulher de ar preocupado procurou-me, querendo falar comigo sobre seu problema. Era da Escócia e passava as férias visitando as ilhas gregas. Contou-me que levava uma vida de solidão sem amor e que agora estava segura de poder mudar a tendência negativa de sua vida, depois de ouvir minha filosofia positiva. "Mas como?" perguntou-me ela, com tom de desespero transparecendo em sua voz. "Estou com mais de trinta anos e tenho medo de homens, especialmente de estrangeiros." Ensinei-lhe um pequeno ritual que deveria realizar todos os dias para vencer o medo e depois mostrei-lhe como projetar a aura de beleza e amor em sua personalidade. Ela embarcou para Rodes no dia seguinte e, quando voltou, encontrei-a mais uma vez. Seu rosto mostrava uma luz interior que lhe transformava as feições e as tornava quase belas. Disse ela: "Sua fórmula deu resultado. Comecei a concentrar-me em ser amistosa e desejável. Conheci esse homem, que era oficial reformado da Marinha Britânica. A esposa havia morrido, e ele se sentia solitário. Nós nos demos maravilhosamente bem, e ele quer encontrar-se comigo quando regressarmos à Inglaterra."

4. Ao entrar diariamente em meditação, concentre a mente em pensamentos belos, inspiradores e idealistas. Uma boa maneira de fazê-lo é escrever breves citações a respeito de amor, alegria, paz, beleza, amizade, felicidade e bem. Depois, em meditação, faça esses pensamentos correrem por sua mente, deixando que toda sua importância e significação se fixem em sua consciência. Assim como você se torna aquilo que come, você se torna aquilo que pensa mais freqüentemente.

Este exercício em meditação é conhecido no Extremo Oriente como abertura das pétalas do lótus sagrado. O lótus é o símbolo de perfeição e representa o ser espiritual do homem. Em meditação, desdobre silenciosamente as pétalas do lótus, atribuindo uma cor astral diferente a cada uma delas. Por exemplo, em um dia deixe a pétala do lótus ter a qualidade de amor; fixe a cor astral rósea na consciência, depois veja o lótus abrindo-se para revelar todas as suas cores cósmicas a seus olhos interiores. Em seguida, medite em todos os aspectos do amor; amor entre homem e mulher; amor de família, amor à pátria, amor a Deus. À medida que cada aspecto de amor é mantido na consciência, tenha noção de sua significação. Faça o mesmo com cada uma das qualidades acima, meditando diariamente em uma palavra nova e acrescentando as palavras ou estados de consciência que você deseja particularmente expressar em sua vida.

COMO UMA MULHER USOU ESTE MÉTODO PARA MELHORAR SUA VIDA

A Sra. Wilma J. vivia em perpétuo estado de agitação e ansiedade. Sentia-se preocupada, era mal-humorada e irritável, nada parecia dar certo para ela. Recomendei-lhe este exercício em meditação. Ela começou a meditar em serenidade, alegria, resplendor e boa vontade. Exatamente duas semanas mais tarde, contou-me que havia vencido a maior parte de suas perturbações por meio deste exercício. Meditava apenas quinze minutos por dia e mudava diariamente seus filtros mentais, dando a cada nova emoção sua própria cor astral, algumas amarelo solar; outras malva, dourado, verde de cromo, azul celeste, orquídea. Disse que quando meditava em cada emoção e cada cor, elas pareciam acalmar-lhe a mente, e suas emoções se tornavam serenas e controladas. Agora sabemos que esta antiga prática da Índia, China e Tibete, exercida por monges em seus mosteiros, tem credibilidade científica, pois na moderna terapia de cor cientistas descobriram que algumas cores são harmoniosas e curativas, ao passo que outras, como vermelho, roxo e anil, podem ser irritantes e despertar cólera, ódio e violência, enquanto ainda outras, como roxo carregado, podem fazer com que uma pessoa adquira sintomas psicóticos, se olhadas por um período de várias horas.

5. Quando você entra em meditação, é bom também fazer ocasionalmente um inventário mental dos pensamentos que estão presentes e em seguida uma boa limpeza de casa mental.

Varra para fora os entulhos de pensamentos negativos, medo de falhar, medo de acidente ou doença. Apague da consciência os pensamentos de privação e limitação, ou de que existe pobreza no mundo e substitua-os em meditação pelo pensamento positivo de que o universo de Deus está transbordante de bens, que existem riquezas e abundância, e que Deus criou todos esses dotes exatamente para você. Isso ajudará sua mente a construir uma sólida base para ação positiva futura.

COMO UM HOMEM RESOLVEU PROBLEMAS CRIADOS POR FALSAS CRENÇAS

Em um avião que ia para Chicago, conheci certa ocasião um homem cuja fisionomia mostrava sinais de negatividade e profunda ansiedade. Conversando com ele, descobri que a esposa estava doente e sua única filha estava no hospital. Regressava para estar com elas, embora para isso tivesse que interromper uma viagem de negócios muito importante. Em seguida, conversando mais com ele, descobri que nada disso era incomum. Toda sua história era de doença, acidente e miséria. Fora criado em ambiente negativo quando criança e tudo era contado em termos de antes ou depois de uma operação. O tempo era medido por calamidades que haviam atingido os membros da família. "Foi antes ou depois de tia Marta cair e quebrar o quadril? Fizemos isto antes ou depois de papai ter morrido?" Dou a essas pessoas as denominações de A. D. e D. C.: antes do desastre e depois da calamidade.

Corrigi o pensamento desse homem e disse-lhe que os acontecimentos em nossa vida exterior são reflexos exatos de nossos estados interiores de consciência. Um efeito é sempre produzido por uma causa. Se as causas são negativas, tudo em nossas condições exteriores de vida será negativo, mas se condicionarmos a mente com pensamentos positivos, felizes e amorosos, as circunstâncias de nossa vida mudarão no mesmo sentido e se tornarão positivas.

Depois mostrei a esse homem como meditar sobre os valores positivos da vida e subestimar os negativos. Ele tinha doença cardíaca e também hipertensão arterial; sofria de indigestão e acreditava ter úlceras. Falei-lhe como, em pesquisas médicas em todas as grandes universidades, mediante o emprego de meditação para produzir os curativos estados de onda cerebral alfa, pessoas estavam sendo curadas de doença cardíaca e hipertensão arterial. Ele nunca ouvira falar nesses últimos progressos científicos, mas ficou imediatamente empolgado pelas tremendas implicações do que eu lhe contara.

Trocamos cartões de visita e eu lhe disse para manter-me informado de seu progresso pelo correio. Recebi notícias dele dentro de um mês. Disse-me que mal podia acreditar nas boas coisas que lhe aconteceram depois que começou a entrar em meditação diária.

Sua pressão arterial caíra de quase 20 para a marca normal de 14. Sua indigestão desaparecera e seu médico não pôde acreditar quando examinou de novo seu coração — estava funcionando normalmente! Disse ele: "Isso só pode ser chamado de milagre. Mesmo minha esposa e minha filha mostram benefícios espantosos de suas meditações. Que Deus o abençoe!"

RESUMO DO CAPÍTULO 3

1. Os cinco passos a serem dados a fim de obter controle ioga através de meditação para expansão da consciência.
2. Como adquirir controle de pensamentos, nervos e movimentos do corpo para perfeita concentração e dinâmico poder mental.
3. Purificação e regeneração através da respiração ioga dinâmica a fim de eliminar da corrente sangüínea ácidos e venenos de fadiga.
4. Como alcançar o estado de dedicação que eleva a consciência aos altos níveis de inspiração e ação.
5. O segredo de regeneração da vida de um monge tibetano; aos cem anos de idade, ele tinha o corpo e a vivacidade de um homem de cinqüenta.
6. Como alcançar o estado de meditação conhecido no Extremo Oriente pelo nome de absorção na luz.
7. A meditação do cume da montanha espiritual, que eleva a consciência acima do reino terreno da mente mortal, até a elevada atmosfera espiritual de poder, longa vida e saúde.
8. Como uma mulher conseguiu livrar-se de ansiedade, preocupação e medo, por meio de meditação diária, e resolveu numerosos problemas.

9. Como entrar em meditação e enriquecer a mente com poder, riquezas, novas experiências e tudo quanto você desejar atrair para seu destino.
10. Como um jovem compositor francês usa este método de meditação para compor música magnífica e obter grande sucesso.
11. Como uma moça atraiu 1.000 dólares por meio da meditação do cume da montanha espiritual.
12. Como usar meditação para acabar com solidão e atrair amigos e pessoas amadas, que possam tornar a vida uma alegre experiência.
13. Como uma mulher que conheci em Atenas, na Grécia, foi capaz de vencer timidez e solidão por meio de meditação sobre amor e atraiu um oficial reformado da marinha que se apaixonou por ela.
14. Como meditar sobre as qualidades de amor, paz, alegria, beleza, bem e amizade, e pela abertura das pétalas do lótus sagrado colocar cada uma dessas qualidades em foco na tela da mente, transformando-as em realidade.
15. Como a sra. Wilma J. resolveu seus problemas e venceu suas preocupações, mediante o emprego do sistema de filtro mental de cores astrais em suas meditações diárias.
16. Como limpar os entulhos de pensamento negativo na mente e apagar todos os pensamentos de privação, limitação, doença e pobreza.
17. Um homem que conheci em um avião viajando para Chicago venceu hipertensão arterial, doença cardíaca e numerosos problemas familiares, por meio de um regime de quinze minutos diários de meditação no estado alfa.

COMO AJUDAR A SAÚDE DO CORPO PELA MEDITAÇÃO E PELA TERAPIA DE ONDA CEREBRAL ALFA

4

Descobriu-se que meditação é um processo milagroso para curar o corpo e conservá-lo sadio e funcionando normalmente.

Aqui estão alguns dos milagres observados nos laboratórios de colégios médicos em todos os Estados Unidos.

Medidas no eletroencefalógrafo, após a meditação entrar no estado alfa, as ondas cerebrais situaram-se entre oito e doze ciclos por segundo. Este estado de meditação proporcionava um sentimento de paz e tranqüilidade. Fazia com que cérebro e corpo se relaxassem e mandava, ao coração, aos nervos e aos músculos, forças misteriosas, que levavam o organismo a curar-se de algumas das mais graves doenças conhecidas pela ciência.

Pela primeira vez em séculos, a ciência médica sabe agora o que os iogues da Índia ensinaram, desde há mais de cinco mil anos, que, por meio de meditação, a mente pode controlar o sistema nervoso autônomo e regular o ritmo cardíaco, a circulação do sangue, o funcionamento dos pulmões e das glândulas, a digestão e a pressão arterial.

Esta descoberta científica está sendo considerada o maior dos milagres do século XX e com ela a ciência acredita agora que poderemos vencer a maioria das moléstias, curar a maioria das formas de doença mental e, ainda mais, prevenir a erosão da idade e a morte prematura, retardando efetivamente a morte das células no cérebro e no corpo!

COMO UMA MULHER SUPEROU SUAS ALERGIAS POR MEIO DE MEDITAÇÃO

Alice G. era afligida por numerosos males; sofria de dores de cabeça que não cediam com medicamentos. Tinha alergias que lhe causavam intenso sofrimento e congestão nasal, com conseqüentes espirros, fungações e paroxismos de tosse, durante os quais mal podia respirar.

Um amigo que conhecia nosso trabalho encaminhou-a a uma série de aulas que eu estava ministrando sobre Meditação e técnicas de onda cerebral Alfa para vencer doenças.

Descrevi na aula como doença física muitas vezes tem sua origem em distúrbios mentais e emocionais, e como existe alguma causa oculta mentalmente por trás da maioria das moléstias. Depois mostrei à classe como entrar em meditação para provocar a condição curativa da mente conhecida como estado alfa.

Alice G. começou suas meditações no dia seguinte e, diariamente durante meia hora, trabalhou no sentido de criar a atmosfera mental e espiritual certa para que o corpo curasse a si próprio. Trabalhou durante duas semanas antes de perceber qualquer resultado. Depois me disse que notara estar menos tensa e nervosa. Suas dores de cabeça cessaram primeiro; depois ela começou a notar que a tosse e os espirros diminuíam. Após dois meses, comunicou-me que se sentia melhor do que nunca e que suas alergias mostravam sinais definidos de estarem desaparecendo completamente.

COMO ENTRAR NO ESTADO CURATIVO ALFA DE MEDITAÇÃO

Seja qual for seu mal físico, confie em sua mente superior para curar seu corpo. A inteligência que criou seu corpo em nove curtos meses, com um milagre de química e engenhosos sistemas de nervos, músculos e vasos sangüíneos, ainda tem existência no banco de memória cósmica do universo. Você só pode invocar esse órgão curativo espiritual superior quando afasta completamente do cenário de ação sua mente consciente preocupada e desassossegada.

Para entrar no estado curativo alfa de controle de onda cerebral, sente-se silenciosamente em meditação e aquiete sua mente. Você pode iniciar este processo de meditação usando o antigo mantra do Tibete: *Ohm mane padme ohm.* Diga isso em voz alta de dez a quinze vezes com os olhos fechados. Você pode criar uma atmosfera para meditação semelhante a um santuário privado, com uma vela acesa, uma relíqua sagrada ou uma cruz à sua frente e incenso fragrante queimando ou algum aroma doce perfumando o aposento. Isto ajuda a elevar os centros psiconeurais do cérebro e livra a mente de tensão e pressão.

Depois, enquanto está sentado em meditação, evoque a imagem mental do lago espiritual, na qual você projeta mentalmente o quadro de um belo lago sem uma ondulação em sua superfície. Agora veja mentalmente sua mente como aquele lago. Fixe a imagem de quietude e deixe a mente e o corpo tornarem-se pacíficos e quietos. No momento em que uma preocupação, temor ou pensamento negativo surgir em sua mente, é como se uma onda tivesse surgido no lago mental. Cuidadosamente empurre a onda de novo para dentro do corpo do lago e faça esta declaração a você mesmo:

> *Minha mente está agora quieta e pacífica como aquele lago mental. Estou agora submergindo todos meus cuidados e preocupações no corpo do lago. Eu supero todas as tensões e dores corporais. O poder curativo criativo flui agora de meus centros mentais superiores para meu corpo e eu estou curado de toda discórdia e doença.*

Quando alcança um estado de perfeita quietude interior, você livra seu corpo da pressão de preocupação, medo e outras emoções negativas. É então que suas ondas cerebrais começam a atuar sobre as glândulas do corpo, fazendo-as descarregar as substâncias químicas certas na proporção certa e fazendo com que seu corpo se torne novamente sadio.

COMO VERRUGAS FORAM REMOVIDAS DE MÃOS DE CRIANÇAS

Um artigo em uma das principais revistas de circulação do país relatou recentemente como psiquiatras usam esta técnica de meditação para remover verrugas das mãos de vinte crianças entre 10 e 12 anos de idade.

Foi dito às crianças que fizessem desenhos de suas verrugas em um pedaço de papel, colocando-as no local exato em que estavam nas mãos. Depois esses pedaços de papel, com desenhos das palmas das mãos e das verrugas, foram queimados em um ritual, enquanto o psiquiatra recitava uma invocação relegando as verrugas ao esquecimento e declarando que elas desapareciam pelo poder mágico do ritual.

Observando esse ritual, as crianças acreditaram que as verrugas iriam embora. Em um período de três ou quatro semanas, todas as verrugas em suas mãos desapareceram completamente!

COMO MEDITAÇÃO DE ONDA CEREBRAL ALFA AJUDA A CURAR DISTÚRBIO CARDÍACO

O coração é um dos órgãos mais sensíveis do corpo humano. Quando a pessoa está amedrontada, o sangue jorra para os órgãos internos, o coração bate mais depressa e adrenalina é bombeada na corrente sangüínea. Se a emoção de medo pode fazer o coração bater mais depressa, as emoções opostas, de paz e calma, devem ter efeito totalmente oposto sobre o coração.

COMO UMA MULHER CONTROLOU TAQUICARDIA POR MEIO DE MEDITAÇÃO

Uma mulher que entrou em nossas classes na cidade de Nova York sofria taquicardia, condição na qual seu coração chegava a pulsar no ritmo de cem ou mais batidas por minuto. O ritmo cardíaco normal é de aproximadamente setenta e duas batidas por minuto.

Quando procurava dormir à noite, ela ouvia seu coração disparando; surpreendia-se visualizando toda espécie de calamidades. Começava a suar frio e muitas vezes precisava levantar-se da cama e sentar-se em uma cadeira no meio da noite para evitar o pânico que advinha de sua condição.

Quando soube que sua mente podia controlar a ação do coração e entrou em meditação pela primeira vez, essa mulher ficou encantada ao descobrir que seu coração realmente reagia a seus pensamentos.

Disse-lhe que fechasse a mão, depois a abrisse e fechasse, enquanto permanecia em meditação. Devia visualizar a mão como se fosse seu coração. Em seguida devia dirigir seus pensamentos em meditação para o coração, com a mão abrindo e fechando no ritmo em que desejava que seu coração batesse. Devia dizer a si mesma: *Meu coração está agora reagindo à minha mente. Penso em coração e meu coração reage. Eu agora dirijo meu coração para que pulse no ritmo de setenta e duas batidas por minuto.* Depois devia contar um — dois — três — quatro, até estabelecer o ritmo em que desejava que o coração batesse. Ela realizou isso em duas sessões de meditação de quinze minutos. Logo adquiriu tal poder sobre o coração que se tornou capaz de acelerar ou retardar suas batidas à vontade!

COMO IOGUES NA ÍNDIA REGULAM O METABOLISMO DO CORPO

Na Índia, iogues usam este método de controle mental para regular o metabolismo de seu corpo. São capazes de fazer cessar dor à vontade; são capazes de enfiar afiados estiletes em suas faces, braços, peito e outras partes do corpo, controlando o fluxo do sangue e fazendo cessar toda dor. Podem ser enterrados vivos durante dias sem alimento ou água, quase não respirando, e mantêm sua força vital em estado de animação suspensa, sem sofrer maus efeitos.

COMO UMA MULHER USOU CONTROLE MENTAL PARA REGULAR O PESO DO CORPO

Uma mulher que conheci em Los Angeles, estudando esses controles de onda cerebral alfa em nossas classes, tinha vinte e cinco quilos de excesso de peso. Aprendeu a entrar em meditação e controlar seu metabolismo. Dizia a si mesma vezes e vezes, enquanto mantinha silenciosamente a mente em profundo estado de suspensão alfa:

> *Agora vou adquirir controle sobre meu corpo e regular meu metabolismo. Desejo perder vinte e cinco quilos do peso de meu corpo. Controlarei meu desejo de carboidratos, doces e farináceos. Desejo readquirir minha figura anterior e agora ordeno à minha mente superior que regule o metabolismo de meu corpo para manter-me magra.*

A mulher repetia essa afirmação de dez a quinze vezes em cada sessão de meditação. Meditava três vezes por dia em períodos de quinze minutos. A princípio não houve mudança perceptível em seu estado. Depois de três dias, ela descobriu que tinha menos desejo de comer doces e alimentos que engordavam. Em seguida, após meditar durante uma semana, descobriu que começava a comer menos carne e mais hortaliças. Algo lhe disse para comer arroz integral. Iniciou uma dieta de arroz, com hortaliças, e contou-me que em um mês emagreceu dez quilos. Sentia-se melhor, tinha a mente mais clara e livrou-se de toda espécie de efeitos colaterais que sua obesidade produzia, como cansaço, dores de cabeça, dores musculares e pulsação acelerada quando andava.

Mais tarde, após ter perdido vinte e cinco quilos, submeteu-se a um exame médico completo e ficou sabendo que seu corpo estava em perfeita saúde. Disse-me que nunca poderia ter tido a força moral de permanecer em regime tão rígido sem o poder que obtinha de suas meditações diárias.

COMO UM HOMEM QUE FUMAVA HAVIA QUINZE ANOS DEIXOU O HÁBITO

Parece incrível que não tenha sido descoberta a cura para o hábito de fumar depois de tantos anos! Apesar de os médicos agora saberem que cigarros produzem câncer, hipertensão arterial e muitas outras doenças dos pulmões e do sistema circulatório, ninguém apareceu com um tratamento seguro para fumantes deixarem o hábito.

Um homem em nosso grupo de palestras em Nova York tinha o hábito de fumar havia quinze anos. Ouviu-me dizer em palestras públicas que vinte fumantes e dezenove adictos de heroína haviam deixado seus hábitos depois de algumas semanas de meditação diária.

Esse homem começou sua meditação entrando no estado de Teta, que reduz as ondas cerebrais para aproximadamente quatro a sete ciclos por segundo. Esse é o estado de onda cerebral usado para retenção de memória, para retardar o processo mental e também para vencer hábitos negativos.

Disse-lhe que visualizasse uma ampulheta com os grãos de areia caindo um de cada vez. Devia retardar seu ritmo mental para uma média extremamente baixa, a fim de fixar em sua consciência os pensamentos que desejava gravar. Em seguida, quando seu cérebro estivesse desacelerado, devia contar para trás de cinqüenta a um, até ter obtido um ritmo lento. Depois, devia meditar da seguinte maneira, tendo estes pensamentos e dizendo estas palavras vagarosamente para si mesmo:

> *Desejo livrar-me do nocivo hábito de fumar. Tenho noção dos danosos efeitos do fumo sobre meu coração, meus pulmões e minha saúde geral. Desejo ter uma vida longa, normal e sadia, e percebo que isso é impossível se continuar com o danoso hábito de fumar. Toda vez que fumar um cigarro terei consciência de que estou abrindo mão de valiosos anos de minha vida. Cigarros são nocivos à minha saúde e minha paz de espírito. Terão gosto amargo, e eu experimentarei sensação de náusea toda vez que estender a mão para um cigarro.*

Esse homem fez a meditação durante um período de duas semanas, diariamente durante quinze minutos, antes de começar a notar qualquer diferença. Um dia, depois do café da manhã, quando acendeu o cigarro e deu algumas tragadas, sentiu gosto definidamente amargo. Mal conseguiu terminar o cigarro e quando o fez experimentou repentina sensação de náusea. A reação contra cigarros foi tão pronunciada que em mais uma semana o homem perdeu todo desejo por eles e deixou completamente de fumar.

COMO UMA MULHER HABITUADA COM COMPRIMIDOS SONÍFEROS DEIXOU O HÁBITO

Pauline T., ouvinte de nossas palestras em Los Angeles, habituou-se a tomar comprimidos soníferos. Muitas vezes ficava deitada acordada metade da noite, evocando toda espécie de fantasmas mentais que a impediam de dormir. Conseguiu com seu médico uma receita de comprimidos soníferos e usou-os durante seis meses, mas gradualmente os efeitos diminuíram e ela passou a tomar cada vez mais, até quando, uma noite, ao acordar descobriu que não se lembrava quantos comprimidos havia tomado. Isso a assustou tanto que decidiu fazer alguma coisa para vencer o hábito. Lembrou-se de que muitas pessoas haviam morrido em conseqüência de doses excessivas de comprimidos soníferos e procurou meus conselhos.

Disse-lhe que o fato de não poder dormir mostrava que ela estava mentalmente muito perturbada por algum problema emocional. Ela admitiu que havia rompido com um companheiro que tivera relações com outra mulher. Era orgulhosa demais para procurá-lo de novo e reconhecia que estava errada, noção que torturava sua mente dia e noite.

Mostrei a Pauline como entrar em meditação profunda, respirando fundo e demoradamente de dez a quinze vezes. Depois dei-lhe o tipo de declarações que devia fazer à sua mente enquanto estivesse em meditação:

Vou cair agora em sono profundo, natural e revigorante. Minha mente está quieta e pacífica como um lago no meio de uma floresta silenciosa à meia-noite. Estou cercada por um mar de calma. Minha mente está agora recuando através dos corredores do tempo até a eternidade. Sou outra vez criança, sem preocupações ou cuidados em minha mente. Tenho fé em que Deus me protegerá e resolverá todos os meus problemas. Estou agora flutuando sobre uma nuvem, subindo... subindo... subindo, para os reinos de esquecimento, paz e beleza. Eu agora durmo, durmo, durmo.

Em três semanas, com essa meditação, Pauline abandonou completamente o hábito de tomar soníferos e contou-me que agora pega no sono assim que entra em meditação, dorme naturalmente e acorda revigorada toda manhã.

O SISTEMA AUTÔNOMO PODE SER CONTROLADO POR MEDITAÇÃO

O sistema nervoso autônomo, que controla funções como o ritmo cardíaco, pressão arterial, digestão, secreções curativas e glandulares, comumente não reage a controle consciente. Pensava-se que a única maneira de chegar ao subconsciente, que tem controle sobre essas funções autônomas do corpo, era através de auto-sugestão ou pelo emprego de hipnotismo. Contudo, descobriu-se que isso era ineficaz em numerosos casos. Agora, com a nova terapia de onda cerebral e por meio de meditação, descobriu-se que os centros mentais superiores reagem prontamente a controle consciente automático. Esta é toda a base das curas espirituais ou de fé, nas quais são realizados milagres quando a pessoa acredita que um poder superior vai curá-la.

Os milagres de Lourdes são uma realidade e agora a ciência percebe que, quando uma pessoa qualquer põe a mente em certo estado de fé e confiante expectativa, são possíveis milagres.

COMO UM HOMEM VENCEU HIPERTENSÃO ARTERIAL

Um homem em meu grupo de palestras em Nova York tinha excesso de peso e sofria de hipertensão arterial e distúrbio cardíaco. Perdia a calma facilmente, brigava com a família e os colegas, e não sabia como resolver o problema que o estava ameaçando de morte prematura.

Quando começou a usar meditação e colocar-se no estado alfa, passou a notar melhora em dois ou três dias. Quando chegou à segunda semana de meditações diárias, descobriu que era capaz de colocar-se em estado alfa de meditação à vontade, sempre que sentia a aproximação de um acesso de raiva. Disse-lhe que, nessas ocasiões, fechasse os olhos por um momento e visualizasse seu sangue como sendo a bola vermelha na base de um termômetro. Quando ficava encolerizado, aquela bola vermelha subia pelo termômetro até o alto e explodia. Esse era o sinal de perigo do que lhe estava acontecendo quando sua pressão subia.

Ele começou a praticar esse controle mental e logo se tornou capaz de entrar no estado alfa de meditação pacífica em um momento. Depois de três semanas, foi ao médico e pediu-lhe que medisse a pressão. Havia caído de uma permanente marca de 20 para 15! Enquanto o médico observava, esse homem demonstrou como era capaz de controlar sua pressão arterial à vontade. Mentalmente projetou a bola do termômetro para cima até chegar à alarmante marca de 20!

COMO UMA MULHER DE SESSENTA E CINCO ANOS VENCEU HIPOTENSÃO ARTERIAL

Outro caso de desequilíbrio de pressão arterial foi o de uma frágil mulher de 65 anos, que sofria cansaço crônico e atribuía a culpa à sua dieta ou sua idade. Seu ritmo cardíaco era lento, irregular e quase imperceptível. Sua pressão arterial caiu para 11,5. Ela temia a morte e preocupava-se com seu estado. Aprendeu a entrar em meditação em uma de minhas classes e começou a usar esse método diariamente para fazer subir a pressão arterial. Em uma semana obteve resultados espantosos e sua saúde melhorou. Não só passou a ter mais energia, mas venceu numerosos sintomas que apresentava, como batidas irregulares do coração. Seu temperamento tornou-se mais otimista, alegre e extrovertido. A pressão arterial subiu para o normal e manteve-se assim durante muitos meses sem alteração.

O REGIME PARA CONTROLE DO CORPO POR MEIO DE MEDITAÇÃO

1. Diariamente ponha-se no padrão de onda cerebral alfa, várias vezes durante o dia, fechando os olhos e entrando em alguns momentos de meditação. Repita para si mesmo as palavras: "Fique quieto e saiba que eu sou Deus." Depois continue dizendo a sua mente para permanecer quieta e pacífica.

2. Em seguida visualize o lago espiritual estendendo-se dos lados de suas têmporas e abrangendo o mundo inteiro. Submerja mentalmente suas preocupações, temores e ansiedades no corpo do lago até ele ficar perfeitamente liso. Agora veja sua mente como a superfície daquele lago, como um espelho, refletindo o céu azul e o sol dourado.

3. Respire fundo dez ou quinze vezes, fazendo a seguinte meditação, dizendo as palavras consigo mesmo ou em voz alta:

Estou pacífico e quieto. Meus problemas e preocupações estão agora submersos no lago cósmico, onde são dissolvidos e devolvidos à sua inexistência nativa. Estou sereno no meio das preocupações da vida e minha mente reflete agora a luz dourada da Infinita Presença de Deus. Estou cercado pelo círculo mágico de amor, paz e beleza, e sou livre, livre, livre.

4. Se está sofrendo algum mal físico e sente que algum órgão está afetado, entre em quieta meditação e depois dirija inteligência e sangue vitais para aquele órgão, curando-o perfeitamente. Se é o coração, diga à sua mente superior: "Você agora fará com que o sangue flua para meu coração, levando para lá sua força vital e curando-o perfeitamente."

Se são os rins, a vesícula biliar ou o estômago, use a mesma técnica, mudando as palavras de modo a ajustar-se às suas necessidades particulares. Você não precisa conhecer a localização da vesícula biliar ou outro órgão do corpo; sua mente superior conhece a localização e reagirá às suas instruções para mandar a força vital a qualquer órgão que você deseje estimular.

5. Se é um mau hábito que você deseja vencer, use a mesma técnica que foi apresentada para vencer o hábito de fumar.

Se é problema de bebida em excesso entre em meditação e faça a seguinte declaração:

Entendo que beber em excesso é prejudicial à minha saúde. Desejo perder todo desejo pelo álcool. Concito agora minha mente superior a fazer com que eu perca todo gosto por álcool sob qualquer forma. Se eu tomar uma bebida, acharei o gosto desagradável e a deixarei imediatamente.

Se é um problema de jogo, sente-se em meditação diariamente durante quinze minutos mais ou menos e repita a seguinte declaração:

Sei que jogar é destrutivo e improdutivo. Não se pode obter coisa alguma em troca de nada na vida. Agora peço à minha mente superior que me livre do desejo de jogar.

6. Para elevar o nível de energia do corpo e vencer cansaço e envelhecimento, entre em meditação e ascenda mentalmente a altos níveis de criatividade, visualizando-se como se estivesse fazendo as coisas que deseja, por exemplo, nadar, dançar, jogar tênis ou golfe. Dê à sua mente superior ordens como esta:

A força vital flui através das células de minha mente e meu corpo, dando-me mocidade, energia e uma superabundância de vitalidade. Agora ordeno a meus centros mentais superiores que libertem a química da mocidade dentro de meu corpo. Eu não tenho idade, nem tempo, e minha alma é imortal. Viverei até cem anos de idade com todas as minhas faculdades e gosto pela vida.

COMO UM HOMEM DE OITENTA E CINCO ANOS SUPEROU A VELHICE

Frank L. sofria cronicamente do que seus médicos chamavam senilidade e sintomas de velhice. Seus parentes pensavam seriamente em interná-lo em uma casa de repouso para velhos, mas um vizinho que ouvira algumas de minhas palestras em Nova York concitou-os a levá-lo a uma de nossas reuniões sobre meditação e terapia de onda cerebral. Felizmente, foi o que fizeram e ficaram espantados ao ver como o velho ficou interessado enquanto ouvia as incríveis histórias de pessoas que haviam vencido todas as espécies de doença, debilidade e sintomas de velhice por meio de meditação e do milagroso poder da terapia de onda cerebral.

Eu dissera durante a palestra que a pessoa idosa não deve ficar martelando mentalmente no fato de ser velho, mas inverter o relógio do tempo cósmico e ver-se como ficando mais jovem.

Contei a história de como Jack Benny dizia em tom de brincadeira que tinha sempre 39 anos e como, mesmo depois dos 70 anos, continuava fazendo as pessoas rirem e ganhando uma fortuna cada ano.

Esta história impressionou tanto Frank que, segundo contou-me mais tarde seu filho, ele voltou para casa e fixou sua idade cósmica em cinqüenta anos. Iniciou um período de meditação diária e, afirmando sua idade cósmica, começou a caminhar diariamente e visitar amigos nas vizinhanças. Cultivou passatempos e logo estava cortando grama, cuidando de flores e fazendo pequenos brinquedos de madeira para seus netos. Três meses depois, Frank L. parecia um moço. Nunca mais voltou a seu leito de enfermo e ficou livre de seus hábitos mentais crônicos de considerar-se velho e inútil.

COISAS A LEMBRAR NO CAPÍTULO 4

1. Meditação é um poder prático milagroso, se você tiver fé em que ela pode conservá-lo sadio e dar-lhe longa vida e energia.
2. Por meio de meditação, o cérebro emite misteriosas ondas cerebrais que afetam profundamente a química do corpo e conservam-no sadio ou deixam-no doente.
3. O mecanismo autônomo do corpo que regula ritmo cardíaco, pressão arterial, digestão e secreções glandulares, pode ser controlado por meio de meditação ioga.
4. Uma mulher venceu alergia e distúrbios brônquicos entrando em meditação diariamente. Suas dores de cabeça cessaram, e ela ficou perfeitamente curada.
5. Como entrar em meditação alfa para adquirir controle sobre as funções automáticas do seu corpo e controlar ritmo cardíaco, pressão arterial e digestão.
6. Como verrugas foram removidas das mãos de vinte crianças por este método e pela criação nas crianças de fé em que suas verrugas desapareceriam em pouco tempo.

7. Como este método de meditação alfa foi usado para curar distúrbios cardíacos, controlando-se a mente e mandando sangue e força vital ao coração.
8. Uma mulher foi capaz de vencer ritmo cardíaco acelerado e adquirir ritmo cardíaco normal de setenta e duas batidas por minuto, graças a meditação diária.
9. Na Índia, iogues controlam dor, sustam hemorragias em ferimentos abertos e são capazes de regular o metabolismo de seu corpo por meio de meditação e controle da mente.
10. Uma mulher, que tinha vinte e cinco quilos de excesso de peso, usou meditação e o estado alfa de ondas cerebrais para emagrecer e reduzir seus acessos de fome.
11. Como um homem, depois de fumar quinze anos, venceu esse nocivo hábito, exclusivamente por meio de meditação, e foi capaz de adquirir liberdade e saúde melhor.
12. Uma mulher habituada a tomar comprimidos soníferos era incapaz de dormir sem ajuda de drogas, até quando aprendeu a usar meditação para pegar no sono imediatamente.
13. Um ouvinte de palestras foi capaz de reduzir sua pressão arterial de 20 para 15, exclusivamente por meio de meditação.
14. Como dirigir a força vital para qualquer órgão ou parte do corpo doente e conseguir cura milagrosa por meio de meditação.
15. Como deixar a bebida, o jogo e outros maus hábitos pelo poder de meditação.

COMO CONSTRUIR UMA VIDA POSITIVA E FELIZ PELAS DINÂMICAS LEIS DE MEDITAÇÃO

5

Toda vida é controlada por um padrão de leis cósmicas invisíveis que o homem precisa obedecer, se deseja encontrar felicidade e sucesso.

Quando violamos as leis de saúde, comendo demais, bebendo excessivamente ou entregando-nos a outros desregramentos, sofremos as conseqüências sob a forma de desconforto corporal e doença.

Quando fraudamos, mentimos, furtamos ou cometemos infrações morais das leis cósmicas, somos punidos com angústia mental, doença e acidente.

Existe no Extremo Oriente uma lei antiga chamada Carma. Esta lei estabelece que seremos recompensados por todo bom pensamento ou boa ação e punidos por todo ato errado que praticamos.

Podemos produzir os efeitos que desejamos conseguir na vida, instituindo causas certas e positivas. Então começamos a experimentar os benefícios imediatos dessa grande lei cármica em nossas vidas.

Neste capítulo estudaremos as dinâmicas leis cármicas que existem no universo e veremos como podemos beneficiar-nos delas, evocando o estado de meditação para sua plena execução.

COMO UMA MULHER VIOLOU LEIS CÁRMICAS E SOFREU

Uma mulher que participou de nosso trabalho em Los Ângeles contou-me uma angustiante história de sofrimento mental e físico, por ter violado essas leis cósmicas.

Fazia dez anos que era casada e feliz, sem nunca haver enganado o marido. Tinha três filhos e era dedicada dona de casa e mãe. Entretanto, em um verão, durante uma excursão, conheceu um homem que a atraiu e cedeu a suas investidas. Posteriormente lamentou seu deslize emocional e deixou de encontrar-se com esse homem. Todavia, Carma estava em ação para puni-la por haver violado leis morais e espirituais. Logo ela descobriu que estava grávida! Via-se agora diante de um problema real, pois não poderia ter certeza se a gravidez era resultado de sua aventura ou de suas relações com o marido. Não era capaz de decidir o que fazer e procurou-me para pedir conselho.

Eu lhe disse que havia violado uma lei cósmica e que o sofrimento por que passava era resultado de seu deslize. Teria de enfrentar o futuro sabendo que a criança podia ser resultado de seu romance temporário e jamais conheceria com certeza a verdade. Isto apenas aumentaria seu sofrimento mental e espiritual através dos anos.

— Mas devo contar a meu marido e quase certamente perder seu amor e respeito?

— Se contar a seu marido e ele pleitear o divórcio — respondi — pode ter quase certeza de que os tribunais lhe darão a guarda de seus filhos e você ficará apenas com a criança que resultou da aventura com um estranho. Não acho que isso seja sensato.

Expliquei depois à desorientada mulher que ela não podia revelar sua falta ao marido e correr o risco de desfazer sua feliz vida familiar. Havia cometido um erro; teria que viver com esse erro pelo resto da vida. Isto era punição cármica suficiente para apagar o mal que deixara acontecer.

Essa mulher seguiu meu conselho. Não recorreu a aborto, porque era contra sua religião pôr termo à vida embrionária. Decidiu oferecer reparação ao marido e aos filhos, amando-os e servindo-os no futuro. Aceitaria o filho nascituro como parte de seu dever cármico e lhe prodigalizaria tanto amor e afeição quanto a seus outros filhos.

Esta decisão mostrou-se certa, pois quando chegou o momento do parto, a criança nasceu morta. O marido nunca soube a verdade, mas no coração e na mente dessa mulher perdurou sempre a culpa cósmica e o sofrimento cármico pelo erro humano que praticara.

A MAIORIA DOS ERROS DA VIDA PODE SER EVITADA

Quando aprendemos a usar as dinâmicas leis de meditação, recebemos de um poder superior orientação que nos leva a evitar a maioria dos erros da vida. Pessoas tornam-se doentes e infelizes, mental e fisicamente, porque não entram em meditação diariamente e não pedem essa orientação intuitiva superior à mente cósmica que conhece tudo, vê tudo e é tudo.

ESTAS DEZ DINÂMICAS LEIS DE MEDITAÇÃO PROMOVEM UMA EXPERIÊNCIA DE VIDA SADIA E FELIZ

LEI N.º 1. PAZ DE ESPÍRITO E PAZ DE ALMA

Quando você vive sob leis cósmicas de bem, verdade e amor, seu espírito permanece em paz consigo mesmo e com o mundo.

Entre em meditação e diga pelo menos dez vezes:

Estou em paz comigo e com o mundo. Paz, fique quieta. Fique quieta e saiba que eu sou Deus.

Deixe que suas ações cármicas diárias sejam harmoniosas com as leis cósmicas do universo. Não se deixe arrastar por emoções de cobiça, egoísmo e ódio, pois essas são forças negativas que libertam forças cármicas de inquietação mental, doença corporal e perigo físico.

Um homem odiava seu rival comercial. Espalhava feios rumores a respeito dele. Falava da suposta desonestidade e maldade do outro. Esse homem nunca ficou sabendo por que adquiriu úlcera e hipertensão arterial, com conseqüente envolvimento cardíaco. Estava doente e infeliz. Ficou tão irritadiço que sua mulher finalmente o deixou por outro homem. Quando me procurou, exclamou angustiado: "Que fiz eu para que Deus esteja me castigando?"

Mostrei-lhe a relação entre ação e reação cármicas.

"As leis de causa e efeito estão atuando em sua vida", disse-lhe eu. "Você não está sendo punido por Deus, mas está punindo a si próprio pelo mal que fez."

Em seguida dei-lhe o regime pelo qual poderia curar-se. Disse-lhe que entrasse em meditação diária por meia hora. Que perdoasse a si próprio e perdoasse a seu rival comercial, que o abençoasse e o auxiliasse. Depois devia rezar a Deus pedindo perdão de seu mal cármico. Em seguida, devia entrar em contato com a esposa, pedir-lhe perdão, dizer que a amava e que iria mudar.

O homem seguiu este regime e conseguiu uma cura espantosa. Não apenas a esposa voltou para sua companhia, mas seus sintomas de doença corporal diminuíram e ele está a caminho de conseguir uma vida equilibrada, feliz e sadia.

LEI N.º 2

Para conseguir boa saúde corporal, vigor juvenil e energia.

Ação mental reflete-se em reação corporal e externa. A fim de promover o padrão cármico de ação mental para saúde e vigor juvenil, faça alguns momentos de meditação todo dia antes de iniciar suas atividades diárias. Conserve a mente quieta e medite o seguinte: Eu estou agora na corrente divina e cósmica de energia vital e vitalidade. Minha mente está pacífica e calma. Meu corpo reflete essa tranqüilidade. As células de meu corpo cantarão o cântico de saúde o dia inteiro. Penso e ajo de maneira positiva e construtiva, e minhas circunstâncias exteriores refletem ordem, harmonia e equilíbrio.

Depois, durante todo o dia, entregue-se a um regime de respiração diafragmática profunda, na qual você inala de dez a quinze vezes, exalando depois o ar e sentindo que está bebendo um dourado elixir da vida, que se espalha por todo seu corpo, dando-lhe vida, energia, juventude e saúde.

Uma mulher que tinha numerosos problemas em casa e nos negócios, sentia-se constantemente cansada. Experimentou vitaminas e dietas de toda espécie. Nada deu resultado, pois o mal estava em seu padrão cármico de pensamento e ação. Ela deixava que qualquer coisa a aborrecesse. Perdia a calma facilmente; criticava os outros; achava defeito no marido e nos filhos. Tinha tanto veneno de ódio e ressentimento na mente e no corpo, que isso a estava desvitalizando e esgotando toda sua força.

Depois de vir a algumas de nossas palestras, essa mulher ficou conhecendo meditação e as leis de Carma. Começou a praticá-las em sua vida cotidiana, usando as técnicas de respiração profunda a fim de obter abundância de magnetismo, eletricidade e energia vital em suas células corporais. Logo estava dormindo melhor; deixou de tomar comprimidos soníferos; passou a fumar menos e deixou de beber as várias xícaras de café que tomava todo dia para dar-lhe ânimo. Quando sua mente e seu corpo construíram suas próprias defesas internas e quando cessou o curto-circuito de suas energias emocionais, essa mulher experimentou benefícios imediatos. Levou apenas dois meses para conseguir completamente um estado mental sadio, feliz e sereno.

LEI N.º 3

Meditação para resolver problemas cotidianos à medida que surgem.

Quando deixamos que problemas se multipliquem e cresçam, sem resolvê-los, eles tendem a dominar-nos e provocar tensão nervosa e doença.

A fim de resolver problemas cotidianos à medida que surjam, faça alguns momentos de meditação e afirme:

> *Agora me encontro em um estado de quietude interior e exterior, no qual todos os meus problemas estão submersos no lago espiritual. Estou sereno e calmo. Meus problemas são transformados em experiências de vida para meu cres-*

cimento espiritual. Sei que a solução de meus problemas está a caminho e confiantemente espero meu bem.

Um médico que conheço usa essa meditação pelo menos dez a quinze vezes por dia. Sofreu de angina pectoris durante muitos anos e sua vida é tão sobrecarregada de trabalho que mal consegue chegar ao fim do dia. Quando ficou conhecendo meditação e aprendeu como limpar os compartimentos mentais para ação, começou a afirmar esta lei depois que saía um paciente e antes que entrasse outro. Disse que isso lhe dava forças para chegar ao fim do dia sem entrar em colapso. Mesmo sua condição cardíaca pareceu melhorar depois que aprendeu a meditar.

A LEI DE MEDITAÇÃO AJUDA UM ATOR

Um astro que se apresentou na Broadway em numerosas peças, não estava mais tão jovem quanto antes e sentia necessidade de alguma ajuda para desempenhar seus árduos papéis. Mostrei-lhe como usar esta lei de meditação. Imediatamente antes de entrar no palco, ele se visualiza cercado por uma aura dourada de vida, luz e energia. Afirma: "Eu estou cercado por infinita vida, energia e vitalidade. Sou sustentado e controlado por um poder mais alto e representarei magnificamente esta noite." Este homem é famoso pela dinâmica interpretação de seus personagens e está hoje mais eficiente do que quando tinha menos idade.

LEI N.º 4

Meditação para vencer preocupação, medo, ódio e outras emoções negativas.

No estudo de terapia de onda cerebral alfa em laboratórios científicos modernos, descobriu-se que pessoas que se entregam a emoções de medo, preocupação, ódio, egoísmo, cobiça, inveja e vingança produzem ondas cerebrais que realmente tendem a envenenar seus corpos e torná-las doentes.

Para vencer qualquer emoção negativa, seja qual for sua natureza, entre em meditação e demore em emoções positivas.

Para dominar preocupação, afirme mentalmente em silêncio durante alguns momentos:

Agora apago todas as preocupações da minha mente. Estou protegido por Deus e tenho confiança em meu destino futuro.

Para vencer os efeitos de medo, faça alguns momentos de meditação e recite o Salmo 23. Depois diga serenamente a você mesmo, enquanto mantém a mente quieta:

Agora programo a expulsão do medo de minha consciência e em seu lugar ponho fé e confiança na fonte de minha vida e poder. Estou cercado por uma aura de proteção e o círculo magnético da presença de Deus está comigo onde quer que eu vá.

UMA MULHER SALVOU-SE DE PERIGO POR ESTE MÉTODO

Uma mulher contou-me que estava andando uma noite pelas ruas de Nova York, atemorizada e na expectativa de perigo. De repente, um moço saltou das sombras e agarrou sua bolsa, empurrando-a para o chão. Ela se lembrou de uma sentença que eu havia usado em uma de minhas palestras e disse em voz alta: *Eu não temerei mal algum. Tua vara e teu cajado me consolam.* Disse isso com tanta força que o moço instantaneamente soltou sua bolsa e fugiu correndo.

Para vencer ódio, cobiça, egoísmo e outras emoções negativas, entre em um momento de serena meditação e afirme a seus centros mentais superiores: "Eu não posso praticar qualquer ato contrário aos princípios de bem, amor e integridade. Coloco-me agora em harmonia com a mente cósmica e sou enchido de amor divino. Perdôo todos aqueles que me fizeram mal e projeto amor e compreensão para todas as pessoas com que me encontro."

LEI N.º 5

Meditação para criar valores espirituais de honestidade, elevada moralidade e integridade em seu caráter.

A maior parte da miséria existente na vida ocorre porque criamos valores mentais e espirituais errados. Adquirimos mentalidade material e esquecemos as dinâmicas leis espirituais, que constituem a base de toda civilização.

Para fortalecer-se contra as forças de miséria, descontentamento e dor, entre em serena meditação e afirme:

> *Agora incorporo à minha consciência os mais elevados padrões e ideais que posso conceber. Sei que sou criado à imagem e semelhança de Deus, por isso meus pensamentos e ações devem ser semelhantes a Deus, inspiradores e enaltecedores.*

Em seguida, pratique diariamente a observância do grande código espiritual conhecido como Dez Mandamentos. Siga os preceitos da Regra de Ouro e as elevadas leis morais dadas no Sermão da Montanha.

UM HOMEM JUNTOU GRANDE FORTUNA POR ESSE MÉTODO

Um grande homem de negócios chamado J. C. Penney juntou sua enorme fortuna de mais de um bilhão de dólares, seguindo esse regime de integridade em seus negócios com o público. Disse a seus empregados que tratassem com lealdade todo freguês e dessem a ele qualidade em troca de seu dinheiro. Graças a esse princípio da Regra de Ouro, o homem de que falo não apenas se tornou muito rico, mas também, quando morreu, aos 95 anos de idade, ainda costumava trabalhar diariamente em seu escritório muitas horas. A mente e o corpo vicejam nesse regime de integridade espiritual.

LEI N.º 6

Esforce-se diariamente para fazer alguma coisa boa e construtiva em favor de alguém. Obedeça a seus impulsos caridosos, dê sorrisos e receba amizade. Dê encorajamento e elogie os outros, que eles reagirão com trabalho melhor e maior cooperação. Dê amor e conquiste amor e respeito.

Em meditação, passe diariamente em revista a lei básica do bem. Medite o seguinte:

> *Deus é bom, por isso serei bom e tratarei meus semelhantes com honestidade e bondade, e receberei recompensas e benefícios valiosos. Deus é amor, por isso eu me conduzirei de maneira amorosa e serei em troca amado por meus semelhantes.*

COMO UMA PROFESSORA RESOLVEU PROBLEMAS POR ESTA LEI

Uma professora de escola primária tinha problemas tremendos com uma classe racialmente mista em Nova York. Estava nervosa e tensa, e seus alunos pareciam sentir medo em sua aura. Ela aprendeu a respeito de meditação e, quando as coisas fugiam ao controle, entrava em um momento de serena meditação e afirmava:

> *Sou governada pela lei de Amor Divino. Esses estudantes estão unidos por laços de amor. Vejo perfeição neles e em suas ações. Eles agora reagirão a minhas orações e meu encorajamento. O amor de cooperação cósmica coloca todos nós em comunicação direta com uma inteligência superior que agora prevalece nesta sala de aulas.*

Esta meditação, repetida várias vezes por dia, levou a professora a tornar-se tão calma e pacífica interiormente que eliminou todas as suas tensões, ansiedades e dúvidas. Quando a professora mudou sua atitude e eliminou as irritações e atritos de sua própria consciência, os aluno tornaram-se menos rebeldes e deram-lhe menos trabalho do que antes.

UM ADVOGADO GANHOU MAIS CAUSAS PRATICANDO ESTA LEI

Um jovem advogado, que geralmente entrava no tribunal com atitude belicosa em relação ao promotor e ao juiz, perdia a maior parte de suas causas. Contou-me suas dificuldades. Dei-lhe uma meditação baseada nos ensinamentos de Lao-Tse e disse-lhe para afastar arrogância, hostilidade e cólera de sua mente e deixar que suas palavras refletissem paz, calma e um sentimento de vitória. Dei-lhe esta sentença da filosofia de Lao-Tse, que deveria repetir consigo mesmo quando estivesse no tribunal:

Uma gota de água caindo fura a mais dura pedra. Em seguida deveria meditar o seguinte:

> *O delicado fluxo de espírito agora remove as forças obstrutoras que se erguem no caminho da justiça. Sou um canal da justiça divina e nenhuma pessoa ou coisa despertará minha cólera ou impedirá minha vitória.*

Advogados adversários logo descobriram que não podiam confundi-lo e irritá-lo, e começaram a maravilhar-se com sua fria atuação. Ele logo conquistou reputação de ser equilibrado e calmo, quando outros perdiam a calma e cometiam erros graves. Este jovem tornou-se um dos melhores advogados criminais da Califórnia do Sul, ganhando noventa por cento de suas causas!

LEI N.º 7

Assuma uma atitude otimista e cordial de quem só vê bem em todos e em tudo. Esta atitude elimina grande parte das tensões nervosas que surgem quando você programa sua mente para desastre.

Programe a exclusão de cargas negativas em sua mente, que surgem diante de palavras negativas como:

Doença	Substitua pela palavra	**Saúde**
Fracasso	Programe a palavra	**Sucesso**
Pobreza	Mude isso para	**Riqueza**
Medo	Crie a qualidade de	**Confiança**
Ódio	Suplante-o com	**Amor**
Perda	Mude essa palavra para	**Ganho**
Guerra	Visualize permanente	**Paz**
Desastre	Afirme a realidade de	**Calma e ordem**
Idade	Veja a realidade espiritual de	**Mocidade**
Impossível	Admita que todas as coisas são	**Possíveis**
Limitação	Afirme e veja um	**Universo ilimitado**

Para meditar nos estados positivos de consciência e remover as cargas emocionais negativas dessas e de outras palavras negativas, sente-se silenciosamente em meditação e repita as seguintes sentenças, substituindo-as por uma das palavras positivas mencionadas acima, até ter removido as cargas negativas de sua consciência e as substituído por forças positivas.

Agora quebro o molde de doença e substituo-o pelo pensamento de saúde perfeita. Estou mental e fisicamente perfeito.

Programo em meus centros mentais superiores a consciência de sucesso, mental, física, financeira, social e espiritualmente.

Venci na vida.

Tenho noção das infinitas riquezas do universo, criadas para meu uso e gozo. Eu agora aceito abundância.

Reflito firmeza e confiança em minha personalidade, minhas palavras e ações, e nego todos os pensamentos de medo.

Estou cheio da emoção de amor e afasto de meus centros mentais ódio, animosidade e rancor.

Estou alinhado com o grande bem e obtenho de minhas atividades cotidianas benefícios que enriquecem minha experiência da vida.

Estou em paz com o mundo e comigo. Nenhum poder é capaz de tirar-me da segura âncora de calma e ordem.

Reflito calma e ordem no centro de meu ser e na periferia externa das circunstâncias de minha vida.

Sou espiritualmente jovem e ternamente alegre com a vibrante força de juventude, energia e vitalidade.

Removo a carga negativa de derrota e fracasso, e vivo na consciência de infinitas possibilidades em todo o reino de minha experiência da vida.

Medito no universo ilimitado e infinito, no qual expansão cósmica, crescimento, riquezas e abundância são minhas por lei divina.

Eu vi um vendedor de imóveis usar esta técnica de meditação para melhorar suas vendas até vender mais propriedades do que três dos outros vendedores em conjunto.

Uma jovem senhora que estava tendo problemas amorosos programara negativamente toda sua vida a respeito de amor e casamento. Começou a mudar suas meditações de modo a incluir os estados de consciência representados pelas palavras sucesso, confiança, ganho, paz e amor, e conquistou o coração de um jovem médico, com o qual se casou.

COMO ELE SE PROGRAMOU PARA SUCESSO E FELICIDADE

Um homem que vivia constantemente pensando em suas limitações e em desastre, sofreu três acidentes; fracassou duas vezes em seus negócios e seu casamento malogrou. Estava tão programado para fracasso, desastre, perda, medo e ódio, que criou seu vórtice de acontecimentos negativos. Mostrei-lhe o método para meditar em sucesso, confiança, amor, ganho, calma e ordem, e ele logo estava funcionando como um ser humano feliz, sadio e bem sucedido.

LEI N.º 8

Perceba a beleza da vida e aceite o universo e tudo quanto nele existe, como sendo sua herança.

A maioria das pessoas leva uma vida de servidão, feiura e mediocridade. Não eleva a consciência às alturas de beleza e inspiração, e perde a maior parte das experiências alegres da vida.

Diariamente passe alguns momentos em meditação, na qual mais uma vez veja o mundo através dos olhos de uma criança. Afirme:

> *À minha volta existe beleza e magia. Percebo a beleza na natureza; vejo o sol no ocaso e oceanos, montanhas e céu enluarado. Permaneço reverente diante da maravilha do universo e aceito esses milagres cósmicos como sendo para meu gozo e uso.*

Depois medite nas mais memoráveis e belas cenas que já viu no passado. Faça passar por sua mente os mais preciosos momentos que guarda na memória. Essas meditações contribuirão para seu enriquecimento mental e espiritual, e farão com que você focalize beleza em sua consciência.

LEI N.º 9

Partilhe experiências amorosas com sua família e seus amigos. Expresse diariamente amor, como emoção positiva e construtiva.

Para incorporar essa emoção divina em sua consciência, sente-se durante alguns momentos cada dia e medite o seguinte:

Estou agora no mágico círculo de amor. Tenho em minha mente pensamentos amorosos e pratico ações amorosas em relação a meus semelhantes. Liberto todos os cintilantes reflexos do diamante cósmico de amor e amo minha família, a humanidade e Deus.

Uma moça de vinte e cinco anos, que levava uma vida de solidão e miséria, acreditava que nunca atrairia amor permanente. Saía com muitos homens, mas achava-os insatisfatórios e disse-me que todos os homens pareciam volúveis e só desejavam um envolvimento emocional sem amor verdadeiro.

Dei-lhe esta meditação para usar todos os dias. Disse-lhe que mudasse sua consciência e começasse a elevar amor ao seu verdadeiro plano de divindade, como a mais nobre e mais bela de todas as emoções. Ela iniciou sua meditação diária sobre amor e, segundo me contou, finalmente encontrou um homem que considerava digno de casamento. Os padrões de onda cerebral que ele tinha a respeito de amor eram idênticos aos dela. O querer atraíra o querer, sob a grande lei cósmica de magnetismo, e os dois estavam a caminho de uma feliz união conjugal.

LEI N.º 10

Harmonize sua mente em glorioso uníssono com Deus, o divino princípio por trás da vida, e adquira um senso de unicidade com poder e realização cósmicos. Este estado de consciência em que você deve meditar chama-se Darshan, em sânscrito; o encontro de realização cósmica ou fusão com a luz. É o mais alto estágio de meditação que o homem pode alcançar.

Para alcançar Darshan, medite o seguinte:

Estou unido à inteligência infinita e minha mente e alma refletem agora a luz. Estou unido ao bem infinito e minha vida reflete bondade. Estou unido à verdade infinita e minha vida é perfeta. Estou unido ao amor infinito e minha vida se torna bela. Estou unido à alegria infinita e conheço a suprema felicidade que sobrevém quando se descobre o divino romance que se prolonga por toda a eternidade.

RESUMO DO CAPÍTULO 5

1. As invisíveis leis cósmicas que governam o universo e a maneira como o homem deve obedecê-las, se desejar ser feliz, sadio e próspero.

2. A lei de Carma e como ela atua no sentido de recompensar-nos ou punir-nos, quando trabalhamos de acordo com as leis ou contra elas.

3. Como uma mulher violou leis cármicas e sofreu indizível agonia da mente e do corpo, até corrigir seu padrão cármico de destino.

4. Meditação a ser usada para encontrar paz de mente e paz de alma, e vencer a punição cármica por nossos pecados.

5. Um homem que odiava seu rival comercial adquiriu úlceras e distúrbio cardíaco. Só se curou quando perdoou o rival comercial e a si próprio.

6. Meditação a ser usada para obter saúde corporal, vigor juvenil e energia.

7. Uma mulher usou esta meditação para vencer males corporais e obter energia, controle do temperamento e relações pacíficas com aqueles que a cercavam.

8. Meditação a usar para resolver problemas cotidianos e colocar-se em estado de poder dinâmico a fim de vencer os infortúnios da vida.

9. Um médico e um ator usam esta meditação para ajudá-los a aumentar a energia, melhorar a saúde e obter tranqüilidade interior.

10. Meditação a ser usada para vencer medo, preocupação, ódio e outras emoções negativas.
11. Como uma mulher que vivia com medo usou esta meditação para vencer uma situação perigosa em sua vida.
12. Meditação que se pode usar para adquirir valores espirituais, honestidade e elevada mortalidade, de modo a beneficiar-se das boas forças da vida e minimizar as forças negativas.
13. Como uma professora usou meditação para ajudá-la a resolver problemas em uma classe racialmente tensa e, assim, criou uma atmosfera pacífica e construtiva.
14. Como usar meditação para adquirir natureza otimista e cordial, substituindo por programação mental positiva a programação negativa.
15. Como usar meditação para obter felicidade amorosa e atrair a verdadeira alma gêmea.
16. Meditação para alcançar o estado de Darshan, a definitiva realização e fusão com a luz da verdade, amor, paz, alegria e bem.

6 COMO AUMENTAR A RENDA E FICAR RICO POR MEIO DE MEDITAÇÃO

O segredo por trás das maiores fortunas do mundo é o poder místico de meditação transcendental.

Homens como Rockefeller, Carnegie, Onassis ou Howard Hughes construíram seus vastos impérios financeiros porque concentraram conscientemente todo o poder de suas mentes em um único — ficar rico.

Concentração é uma forma de meditação intensa. Neste Capítulo exploraremos os métodos pelos quais você pode vencer na vida e conquistar riquezas em todos os planos.

TREMENDOS PODERES MENTAIS DESCARREGADOS ATRAVÉS DE CONCENTRAÇÃO E MEDITAÇÃO

Quando está concentrada em uma corrente dinâmica e radiante de energia, na direção de um único objetivo, a mente ajuda a descarregar tremendo poder que pode literalmente fazer milagres.

O ritmo de onda cerebral considerado mais eficaz para meditação sobre conquista de riqueza e sucesso é aquele que mede de cartorze a vinte e oito ciclos por segundo, conhecido nos laboratórios científicos como Onda Cerebral Beta.

Quando você se concentra e medita com intensidade, aumenta o ritmo da mente e faz com que as ondas cerebrais irradiem propriedades elétricas e magnéticas que têm profundo efeito sobre o corpo e o ambiente.

Pessoa bem sucedida é aquela que geralmente gera tremendas quantidades de energia cerebral elétrica.

Os gênios têm grande capacidade para concentração e trabalho árduo. Parecem nunca cansar-se São inflamados de entusiasmo e criatividade. De fato, toda criatividade, seja ao escrever um romance, seja ao compor uma música, inventar um objeto e desenvolver um novo negócio ou técnica industrial, exige horas de intensa e dinâmica concentração e meditação.

COMO UM PUBLICITÁRIO USOU MEDITAÇÃO PARA TER IDÉIAS

Um aluno meu em Nova York, que trabalhava em uma agência de publicidade pelo salário costumeiro, ficou tão inspirado quando aprendeu como poderia usar meditação para aumentar sua renda, que começou a realizar sessões diárias de apenas meia hora cada uma, a fim de meditar em idéias novas para os clientes de sua empresa. Na primeira semana, teve duas maravilhosas idéias novas, graças às quais obteve substanciais gratificações de seu empregador.

Dinheiro é importante em sua vida e você não pode viver sem ele. Contudo, dinheiro *não* é sucesso. A pessoa bem sucedida geralmente ganha dinheiro por meio de indústria, poupança ou oferecimento de alguma coisa de valor ao mundo, mas um homem pode ficar rico por métodos inescrupulosos e, apesar disso, ser um dos maiores fracassos do mundo.

Ao meditar sobre obtenção de riquezas, aprenda a equilibrar sua vida. Não ame dinheiro, nem faça dele a obsessão de sua vida, pois isso tenderá a desequilibrá-lo, como acontece no caso de um avaro. A Bíblia diz: "Amor pelo dinheiro é a raiz de todos os males."

OBSERVE ESTAS CINCO REGRAS SOBRE DINHEIRO

1. Dinheiro é um meio de troca e por si próprio não tem valor.
2. Verdadeiros valores permanentes são determinados pelo que você considera importante para si próprio.
3. Dinheiro representa o ativo congelado da mente e do espírito criativo. Uma idéia, se construtiva, pode dar-lhe um milhão de dólares.
4. Do pescoço para baixo, o homem vale apenas noventa e oito centavos de substâncias químicas; do pescoço para cima, no reino de idéias criativas, imaginação e poder mental, seu valor é de ilimitados milhões.
5. Dinheiro obedece a certas leis e princípios cósmicos. É verdadeiro o velho ditado: "Dinheiro chama dinheiro." Quando magnetiza os centros cerebrais com o pensamento de que vai ficar rico e medita diariamente em riquezas, você começa a atrair o dinheiro que está guardado em sua consciência.

COMO UM COMERCIÁRIO USOU MEDITAÇÃO PARA FICAR RICO

Um homem que trabalhava para uma grande empresa atacadista de ferragens aprendeu em nossas palestras como a meditação poderia ajudá-lo a ficar rico. Começou a meditar em algum produto que pudesse vender e com isso ficar rico. Todo dia, sentava-se quieto e, através de meditação, projetava este pensamento: Encontrarei algum novo produto que possa vender com exclusividade e ganhar uma fortuna. Uma dúzia de vezes por dia, pensava nessa idéia, mas não sabia que espécie de produto, pois parecia não haver coisa alguma nova em seu ramo.

Um dia, a empresa mandou-o à Alemanha, pois era descendente de alemães e falava corretamente o alemão, para cuidar da distribuição de alguns produtos americanos naquele país. Enquanto lá permaneceu, continou meditando que iria descobrir alguma coisa que pudesse vender e ganhar uma fortuna. Um dia, absolutamente por acaso, encontrou uma espécie nova de abridor de latas, que representava uma grande melhora em relação à variedade americana. Sua intuição lhe disse que esse era O PRODUTO! Obteve direitos exclusivos de distribuição para os Estados Unidos e voltou, a fim de treinar vendedores e preparar uma ampla campanha de publicidade para vender seu novo produto. O artigo teve venda rápida e esse homem está agora acrescentando à sua crescente linha de produtos outros artigos que importa do Japão e da Alemanha. Está a caminho de fazer fortuna.

DÊ ESTES CINCO PASSOS SIMPLES PARA FAZER DE SUA MENTE UM ÍMÃ DE DINHEIRO

1. Todo dia medite em magnetizar seus centros cerebrais com o tema de sucesso. Estude publicações comerciais para obter novas idéias; passe em revista velhos métodos usados no comércio e veja como pode melhorá-los. Deseje sucesso e, pelo menos quinze minutos por dia, concentre-se em dinheiro e como ganhar mais.

2. Sente-se em meditação e faça uma orgia de compras mentalmente. Visualize-se comprando o automóvel que deseja; veja-se dirigindo e visitando lugares onde deseja ir. Mentalmente compre a casa de seus sonhos em que desejar morar. Mobilie-a, visualizando cada aposento arrumado no estilo e com o tipo de imóveis que você deseja. Escolha as roupas, jóias, câmaras fotográficas, fitas gravadas, discos e outros artigos que você sempre sonhou possuir e depois se veja tendo e usando essas coisas.

Para tornar mais real este exercício de meditação sobre riquezas, faça um caderno de recortes com gravuras tiradas de revistas e jornais, mostrando a casa de seus sonhos, o automóvel e os móveis que você deseja. Depois medite diariamente durante cinco ou dez minutos sobre esses bens e veja-os como sendo efetivamente seus. Isto excita os centros criativos de seu cérebro com a emoção de desejo e coloca-os em foco na sua consciência.

COMO UM CASAL CONQUISTOU A CASA DE SEUS SONHOS POR MEIO DE MEDITAÇÃO

Quando eu fazia palestras no Carnegie Hall, um jovem casal contou-me seu sonho. Desejava uma bela casa no campo, onde pudesse criar seus filhos. Mas o marido ganhava salário muito baixo e parecia não haver a menor probabilidade de concretizar aquele sonho.

Um dia, quando estava sentada em meditação, a moça teve o palpite psíquico de comprar um bilhete do *sweepstake* irlandês. Falou-me a respeito e eu lhe disse que rezaria com ela para que seu bilhete fosse premiado com os cem mil dólares.

A probabilidade que tinha de ganhar era de um para um milhão, mas, no sorteio, seu cavalo foi o escolhido e ela ganhou os cem mil dólares!

Às vezes, Deus faz suas maravilhas de maneira misteriosa — e talvez não houvesse outra maneira de esse casal adquirir a casa de seus sonhos.

Vi casos em que pessoas foram orientadas para investir em certa ação ou jogar em certo número na roleta e ganharam, mas isto nem sempre é defensável a menos que a pessoa o faça ocasionalmente e tenha dinheiro que possa perder.

3. Leve em sua carteira um cheque de um milhão de dólares emitido em seu nome. Assine-o com o nome de Deus, o Banqueiro Universal. Escreva seu nome nele e toda vez que abrir a carteira e vir aquele cheque você estará magnetizando seus centros cerebrais com o pensamento de que Deus é sua fonte de suprimento e abundância. Medite diariamente neste fato e veja a vasta cornucópia do universo cheia de tesouros e derramando em sua mente e seu ambiente todo dote bom e maravilhoso que você deseja.

COMO UMA MOÇA OBTEVE 5.000 DÓLARES POR MEDITAÇÃO

Uma moça que precisava de dinheiro para ajudar a mãe a pagar uma operação de catarata começou a usar esta meditação para atrair dinheiro. Dizia a si própria toda manhã quando acordava: Deus é meu provedor universal. Eu agora magnetizo minha mente com a idéia de riquezas infinitas. Atraio para mim a quantia de 5.000 dólares a fim de poder ajudar minha mãe a recuperar sua vista perfeita.

Depois, essa moça sentava-se e meditava no cheque de um milhão de dólares que emitira a seu favor. Percebia que o mundo estava cheio de tesouros e que 5.000 dólares nada eram. Meditava também na vista perfeita da mãe, percebendo que nenhuma quantia de dinheiro poderia ter o valor daquele precioso dom da vista.

Após duas semanas de meditação desse tipo, a mãe recebeu carta de um irmão que partira para a Austrália vinte anos antes e se isolara da família Ele havia ficado rico com uma mina de opala e mandava para a irmã um cheque exatamente de 5.000 dólares!

4. Entre às vezes em uma atmosfera de riqueza e opulência. Vá a um bom restaurante de vez em quando e veja como vivem os ricos. Sente-se no vestíbulo de um hotel como o Waldorf Astoria em Nova York e absorva a atmosfera de opulência e abundância. Visite a bolsa de títulos de sua cidade, compre o "Wall Street Journal" e leia como são ganhas e perdidas vastas fortunas. Compre ou tire da biblioteca pública livros sobre a vida de Morgan, Rockefeller, Onassis, Paul Getty, Howard Hughes e outros multimilionários. Aprenda seus métodos, seus pensamentos, sua filosofia e depois tente emular alguns de seus princípios e aplicá-los à sua própria vida.

COMO UM MOÇO USOU ESTE MÉTODO PARA VENCER NA VIDA

Um moço originário da Grécia, chamado Chris P., assistiu a uma de nossas palestras em Nova York e aplicou estes princípios à sua vida. Trabalhava como garçom em um restaurante grego, mas não estava satisfeito com seu lento progresso. Sentou-se em meditação diária para pedir orientação sobre a maneira de obter mais sucesso. Teve o palpite de candidatar-se a emprego em um escritório de corretagem de títulos em Manhattan, a fim de poder estar em uma atmosfera de riqueza. Seu trabalho era levar ações e outros papéis de um escritório para outro. Dessa maneira, tinha acesso a documentos confidenciais, muitas vezes contendo "dicas" sobre ações que representavam bom investimento.

Chris não tinha dinheiro para investir, mas conhecia o proprietário do restaurante grego onde trabalhara e impressionou-o com o conhecimento que adquirira a respeito de ações. Uma determinada ação, *American Industries*, estava com cotação muito baixa; Chris viu "dicas" de que essa ação ia subir, por isso, aconselhou seu ex-patrão a investir nela e prometer-lhe parte de seus ganhos. O patrão aceitou a informação e comprou mil ações. Quando começou a subir, Chris disse-lhe o momento em que devia vender e os dois ganharam milhares de dólares com seu investimento! A partir de então, Chris teve dinheiro para jogar na bolsa e, ainda conservando seu emprego de mensageiro, continuou obtendo "dicas" que lhe permitiram ganhar 20.000 dólares em três anos!

5. Quando meditar em sucesso e dinheiro, não peça simplesmente dinheiro, mas tenha alguma razão pela qual deseja o dinheiro. Isto é chamado Motivação Cósmica e dá impulso à sua mente para ganhar uma fortuna destinada a algum propósito específico.

Existem três motivadores cósmicos em que você deve meditar diariamente:

Desejo de ajudar a si próprio e à sua família.

Desejo de criar beleza para o mundo.

Desejo de educar, elevar, inspirar e melhorar o mundo, levando-o a níveis mais altos de civilização.

Quase todas as grandes fortunas foram construídas através de um desses ou de todos esses motivadores cósmicos.

Sente-se em meditação diariamente e ponha diante de sua mente um ou mais desses motivadores cósmicos. Afirme a si próprio: Eu agora estou inspirado para ação criativa e formação de uma fortuna com o propósito de ajudar minha família, de criar beleza para o mundo e de elevar e melhorar os padrões da humanidade, abolir a guerra, criar a paz e de outras maneiras trazer as bênçãos de Deus para o mundo.

COMO UMA MULHER FUNDOU UMA ESCOLA DE MÚSICA PARA ÓRFÃOS

Uma mulher de nosso grupo de palestras era música, mas casara-se e abandonara a carreira. Não tinha filhos, mas amava crianças e começou a trabalhar com órfãos. Um dia em meditação teve a inspiradora idéia de fundar uma escola de música e dar bolsas de estudo a órfãos com talento musical. Deu um concerto e anunciou seus planos. Levantou a importância de 7.000 dólares, com promessas de mais ajuda para fundar a escola. Nos anos transcorridos desde então, ajudou milhares de órfãos a obter educação musical gratuitamente e conservou-se ocupada e feliz através dos anos.

SIGA ESTE REGIME PARA AUMENTAR A RENDA E FICAR RICO

1. Faça um Inventário Mental dos Tesouros Universais.

Para pôr sua mente no caminho de riquezas e abundância, em todos os planos, faça primeiro um inventário mental dos tesouros universais que existem para seu uso e gozo.

Deus criou, não uma, mas milhares de variedades de árvores, plantas, frutas e verduras para alimentar a humanidade e proporcionar abrigo a sua família.

Cada vez que vê uma árvore em crescimento, medite em que essa é a futura casa de seus sonhos. Em uma única floresta da Rússia, existe madeira não derrubada suficiente para construir e mobiliar uma moradia do tamanho da Casa Branca, de Washington, D. C., para cada família no mundo inteiro!

Veja como a terra e os oceanos estão cheios de tesouros. Existem carvão, aço, petróleo, cobre e urânio para suprir a humanidade de tesouros nas gerações futuras. E agora, no reino da energia atômica, serão fornecidas à humanidade novas formas de energia que, como diz a ciência, permitirão a cada pessoa voar com sua pequena fonte pessoal de energia atômica e atravessar os ares até qualquer lugar na face da terra com facilidade! Cientistas estão também predizendo que o homem utilizará magnetismo cósmico em suas máquinas voadoras e será capaz de voar à incrível velocidade de quatrocentos mil quilômetros por hora!

COMO UM HOMEM DE NEGÓCIOS INVOCOU ESTAS LEIS DE MEDITAÇÃO E OBTEVE ENORME SUCESSO

William S. é um homem de negócios da Califórnia do Sul, que invocou essas leis de meditação e obteve enorme sucesso e riqueza.

Quando o sr. S. ingressou em nossas classes e aprendeu a meditar lidava com muitas coisas diferentes, tentando ganhar dinheiro. Queixou-se a mim: "Aqui estou eu com quarenta e cinco anos de idade, com uma esposa e dois filhos crescidos. E falhei tremendamente em toda minha vida!"

Mudei seu pensamento e disse-lhe que pensasse em si próprio não como um fracassado, mas como um vencedor retardado. Disse-lhe que mudasse seu pensamento e recomendei-lhe que, nas classes, ele e a esposa aprendessem a entrar em meditação e usar esse poder para abrir os centros de consciência para riqueza.

Ele começava suas sessões diárias de meditação com esta declaração: *Sei que o mundo está cheio de riquezas e abundância. Agora reclamo minha parte da riqueza do mundo.*

Depois devia pedir orientação superior para chegar à fonte de suas riquezas. Sua mente consciente havia tentado tudo e falhado. Disse-lhe que não confiasse mais em fonte insegura para sua orientação futura. Disse que abrisse centros psíquicos superiores através de meditação e depois, em quietude, pelo menos durante meia hora por dia, esperasse que a orientação chegasse. Ele entrava em meditação levando consigo um pedaço de papel no qual havia escrito:

> Desejo segurança financeira para minha família.
> Peço a importância de 50.000 dólares ou mais para poder ter segurança financeira no futuro.
> Tenho fé no poder de minha mente superior para manifestar qualquer coisa que deseje.
> Dou graças por meu suprimento e abundância, e espero confiantemente os resultados.

Depois de vários dias de meditação, andando pelos subúrbios da cidade onde morava, na Califórnia, notou as vastas áreas de terra que se estendiam até onde a vista podia alcançar. Reclamou mentalmente essa terra e sua mente começou a expandir-se para que se visse como proprietário dela e subdividindo-a para construção de moradias. Mas como? Não tinha mais que quinhentos dólares no banco e seu futuro era muito incerto. Continuou meditando e um dia foi orientado para a leitura de um livro sobre loteamentos, através do qual ficou conhecendo uma coisa chamada Opção de

Compra. Nunca ouvira falar nisso, mas estudou os princípios mencionados no livro e descobriu como funcionava o processo. Estava agora convencido de que sua mente superior tentava dizer-lhe algo sobre como poderia tornar-se rico.

Consultou um advogado e fundou uma empresa para loteamentos. Sem um centavo, começou a adquirir terras na periferia da cidade pelo princípio de opção, e publicar nos jornais de Los Angeles grandes anúncios, nos quais falava sobre o ar puro e o ambiente aprazível, oferecendo lotes a pessoas da cidade ansiosas por sair da confusão e poluição de um populoso centro urbano.

Promoveu excursões em ônibus até seus terrenos e as pessoas começaram a comprar os lotes. Com esse dinheiro, pôde efetuar os pagamentos das terras, quando as opções venceram. Logo tinha quatro vendedores trabalhando para ele e uma nova cidade estava surgindo diante de seus olhos!

2. Se você não teve a menor sorte usando sua mente consciente para atrair sucesso e riquezas, tente a meditação e entre em contato com a mente subconsciente superior para esse propósito. Sente-se em meditação durante quinze minutos por dia e dê à sua mente subconsciente as instruções que deseja sejam obedecidas por ela. Você pode usar a seguinte meditação para esse propósito:

"Eu agora chamo minha mente subconsciente para guiar-me automaticamente a fim de obter riqueza. Dou-lhe instruções para fornecer-me idéias à noite, enquanto durmo e, durante o dia, sobre como aumentar minha renda e obter mais sucesso. Desejo a importância de 1.000 dólares dentro de dois meses, vinda de fontes inesperadas."

Um industrial usa esta técnica de meditação a fim de obter novas idéias para venda de seus produtos. Medita imediatamente antes de dormir e pede orientação. Invariavelmente recebe algumas idéias novas enquanto está dormindo e acorda para anotá-las. Fica sempre espantado quando as lê no dia seguinte. Admira-se de sua mente consciente não ser capaz de pensar tão claramente quando está acordado.

3. Programe sua mente superior com a idéia positiva de que você está cercado de riquezas por todos os lados e é fácil tornar-se bem sucedido e rico. Olhe para cada edifício e deixe que ele lhe lembre a infinidade de madeira, cimento e outros mate-

riais de construção existente no mundo. Olhe para roupas nas vitrinas das lojas e programe sua mente no sentido de que tudo quanto você precisará usar no futuro já está sendo produzido em algum lugar no mundo. Toda vez que tomar uma refeição ou vir comida em um restaurante, lembre à sua mente superior que sua alimentação já foi preparada para todo o tempo futuro e que nada lhe faltará para nutrir perfeitamente seu corpo. Quando olhar para ouro, prata e jóias em vitrinas de joalheria, diga consigo mesmo: O depósito de riquezas cósmicas está agora aberto e deixa sair sua abundância para meu uso e gozo.

4. Sempre que viajar em ônibus, táxi ou metrô, afirme: Eu agora possuo a maior limusine do mundo, com motorista para dirigi-la e atender eficientemente às minhas necessidades. Sempre que andar por um parque, lembre a si próprio: Esta é minha propriedade livre e eu agora a reclamo. Eu sou mais rico que Rockefeller.

5. Cada vez que ligar seu televisor ou aparelho de rádio, medite nesta realidade: Este programa foi especialmente preparado para mim por artistas e técnicos competentes. Eu agora aceito um divertimento de um milhão de dólares, oferecido por uma indústria de um bilhão de dólares, e eu sou enriquecido, entretido e educado por este programa.

6. Toda vez que entrar em uma galeria de arte, uma biblioteca pública ou um museu, afirme silenciosamente suas riquezas da seguinte maneira: Aceito estes bilhões de dólares de tesouros como meus. Eu agora gozo esta herança de milhares de mentes criativas que trabalharam para dar-me beleza, inspiração, educação e cultura. Eu sou abençoado e enriquecido por este conhecimento.

7. Toda vez que olhar para uma cena magnífica na natureza e apreciar uma alvorada, um pôr-de-sol, uma vista do oceano estendendo-se até o horizonte distante ou o céu estrelado, com sua lua cheia, pare um momento e lembre a você mesmo em silenciosa meditação como você é verdadeiramente rico e herdou o o universo e tudo quanto nele existe: Pai, eu vos agradeço por todas estas bênçãos de beleza natural. Eu me maravilho diante do sol dourado. Eu absorvo a infinita beleza das estrelas e da lua, e o esplendor prateado que se estende pelos mares da terra para meu gozo. Eu absorvo a maravilha do céu azul, de oceanos

estendendo-se até o infinito, e a maravilha cósmica de todas as coisas criadas que foram produzidas para meu deleite e uso.

RESUMO DO CAPÍTULO 6

1. O poder secreto por trás de todas as grandes fortunas do mundo é o poder místico de meditação transcendental.
2. Concentração e meditação quando usadas juntas descarregam tremendos poderes da mente e fazem ondas cerebrais trabalhar no ciclo Beta de criatividade e sucesso.
3. Como um publicitário usou meditação a fim de receber novas idéias sobre seu trabalho, que lhe proporcionaram substanciais gratificações.
4. Como um avaro usa os poderes de concentração e meditação para juntar fortuna, mas, porque ama o dinheiro, este geralmente o destrói.
5. As cinco regras a respeito de dinheiro: É um meio de troca e não tem valor por si próprio — verdadeiros valores permanentes são determinados por seu esforço criativo. Dinheiro representa os bens congelados de seu espírito criativo; do pescoço para cima você vale milhões no reino de idéias. Dinheiro chama dinheiro e você pode magnetizar seus centros cerebrais com riquezas.
6. Como um homem abriu novas fontes de renda quando se sentou em meditação diária e encontrou na Alemanha um novo produto que lhe proporcionou grande sucesso.
7. Como magnetizar seus centros cerebrais com o tema de sucesso e criar riquezas primeiro na consciência, antes que elas entrem em foco no reino material.
8. Como fazer uma orgia de compras mentais e ver-se comprando um carro, possuindo a casa dos seus sonhos, adornando-se com belas roupas, jóias valiosas e outros artigos que você deseja.
9. Como um casal conquistou a casa de seus sonhos usando meditação e sendo orientado para comprar um bilhete de *sweepstake* com o qual ganhou 100.000 dólares.

10. Como uma moça precisava ajudar a mãe a submeter-se a uma operação nos olhos e projetou, através de meditação, a importância de 5.000 dólares. Duas semanas depois, um tio rico que vivia na Austrália mandou-lhe um cheque exatamente daquela quantia.

11. Como criar uma atmosfera de riqueza e opulência, visitando hotéis caros, bolsa de títulos e restaurantes finos, até você poder duplicar o poder de levá-lo a esses ambientes como pessoa rica.

12. Como um jovem grego, Chris P., começou trabalhando no serviço de garçom em um restaurante, até conhecer o poder místico de meditação. Obteve emprego em um escritório de corretagem de títulos, conseguiu informações sobre ações e logo ganhou uma fortuna de 20.000 dólares.

13. Os três motivadores cósmicos em que você pode meditar para trazer-lhe fortuna.

14. Como uma mulher fundou uma escola de música para cegos e logo levantou 7.000 dólares para prosseguir em seu devotado trabalho.

15. Como um homem de negócios invocou essas leis de meditação e, aos quarenta e cinco anos de idade, teve idéia de fazer um grande loteamento de terra, criando uma nova cidade e ganhando uma fortuna.

16. Como programar sua mente superior com a idéia positiva de que existem riquezas e abundância em toda a sua volta no reino da natureza e como atrair a abundância e riquezas.

7 OS QUATRO ESTÁGIOS DE MEDITAÇÃO MÍSTICA PARA ADQUIRIR PERCEPÇÃO PSÍQUICA E CLARIVIDENTE

Toda pessoa nasce com poderes psíquicos e clarividentes. Quando foi criado, você possuía uma misteriosa comunicação psíquica com o cérebro e o corpo de sua mãe, que era capaz de dizer a seu corpo em crescimento de que substâncias químicas precisava para formar uma criança perfeita em nove meses.

Existem linhas invisíveis de comunicação psíquica entre todas as coisas vivas no universo. Quando souber como usar este poder, você será intuitivamente dirigido para seu destino certo na vida.

Neste capítulo aprenderemos como redescobrir esse poder psíquico que você talvez tenha perdido com o passar dos anos.

Poder psíquico expressa-se sob numerosas formas. É conhecido como intuição, clarividência, clariaudição, precognição, telepatia mental, telecinese, percepção cósmica e espiritismo. As técnicas para desenvolver todas essas várias formas de psiquismo são as mesmas. Meditação mística é o meio pelo qual você pode chegar aos centros psíquicos superiores da consciência e canalizar as tremendas forças que esperam sua alegre descoberta.

CIENTISTAS PROVAM QUE ATÉ AS PLANTAS TÊM PERCEPÇÃO

Um cientista realizou recentemente experiências espantosas com o eletroencefalógrafo, nas quais provou que até plantas possuem percepção cósmica e psíquica, e têm noção de coisas que se passam em seu ambiente.

Quando o cientista se aproximava da planta com uma faca e dizia: "Eu vou cortar suas folhas", a planta emitia sinais de aflição e alarma na máquina de medição, mostrando que, não só ouvia, mas compreendia a ameaça feita à sua segurança.

Depois o cientista fez a mesma coisa com fogo, ameaçando queimar a planta, e novamente ela reagiu com sinais de alarma. Em seguida, o cientista modificou suas táticas e meramente pensou as palavras: "Eu vou cortar todas as suas folhas." A planta imediatamente reagiu com alarma, mostrando que percebia, não apenas a ameaça falada, mas também os pensamentos dirigidos a ela! Isto provou conclusivamente que todas as coisas vivas estão em comunicação psíquica entre si e com alguma inteligência cósmica superior que nos torna todos interrelacionados.

Todavia, a prova mais significativa de que plantas são capazes de receber transmissão de pensamentos surgiu acidentalmente. Quando a esposa do cientista jogou camarões vivos em água fervente, a planta emitiu os mesmos sinais de aflição que emitira quando sua própria segurança estava ameaçada! Isto provou que ela tinha percepção e consciência do que se passava em seu ambiente.

POR QUE ALGUMAS PESSOAS TÊM MÃO BOA

É por isso que algumas pessoas, amantes de plantas e de todas as coisas que crescem, têm a proverbial mão boa e as coisas crescem sob o impulso de seu amor melhor do que quando plantadas por outros.

Um ministro fez uma experiência orando sobre sementes e abençoando-as. Estas sementes se multiplicaram e cresceram melhor e deram colheita maior do que outras sementes sobre as quais não foram feitas preces! Em seguida, quando foram plantadas algumas sementes que haviam sido amaldiçoadas, estas murcharam e morreram!

Cientistas sabem agora que este princípio de bênção ou maldição pode ser usado por pessoas, que vicejarão e florescerão, serão sadias, prósperas e bem sucedidas, quando forem feitas meditações certas, e que, quando houver meditações erradas, o cérebro e o corpo humano reagirão de maneira negativa e adquirirão toda espécie de limitações, doenças e sintomas de aflição e fracasso.

COMO UMA MULHER AMALDIÇOOU A SI PRÓPRIA E SEU AMBIENTE PARA SUA PRÓPRIA DESVANTAGEM

Um exemplo de como este poder atua negativamente para destruir foi o de uma mulher que estava acometida de uma variedade de doenças. Não conseguia encontrar razão alguma para sua doença física, mas os sintomas eram reais. Tinha o coração acelerado e sua pressão arterial flutuava, às vezes muito alta e outras vezes muito baixa. Sentia-se constantemente cansada e deprimida, e não experimentava alegria em viver.

Depois de falar com essa mulher durante meia hora, descobri a causa de seus estranhos sintomas. Fazia dez anos que estava casada, quando descobriu que o marido tinha um romance com outra mulher. Sua primeira reação foi o de choque e ódio. Nunca pôde perdoar o marido e não se divorciou dele, pois isso era contra sua religião. Viveu durante cinco anos em um lar cheio de amargura e ódio. Começou a apresentar sintomas estranhos em poucos meses e, às vezes, sentia tanta dor e angústia que pensava seriamente em matar-se.

Foi neste estágio que a conheci. Ela me procurou desesperada, pois, como me disse, havia chegado ao fim da corda e não sabia mais o que fazer ou para onde ir.

Aconselhei-a a entrar em períodos diários de meditação e pedir orientação de seus centros psíquicos superiores. Ela estava tão confusa que não havia o menor contato com esse poder superior. Depois ela devia perdoar o marido e, se possível, tentar reconstruir a vida que haviam tido anteriormente. A princípio, a mulher não recebeu a menor orientação enquanto permanecia sentada em meditação. Mas gradualmente, à medida que deixava de odiar o marido e começava a perdoá-lo, sua mente foi clareando e um dia em meditação ela sentiu repentino alívio no interior de sua mente e seu corpo. Soube que, perdoando o marido, havia perdoado a si própria e, a partir daquele momento, sua relação com o marido mudou. Gradualmente acertaram suas divergências e prosseguiram em uma vida de casados muito mais feliz do que antes. Seus problemas de saúde desapareceram milagrosamente em seis semanas!

COMO ATINGIR OS QUATRO ESTÁGIOS DE MEDITAÇÃO MÍSTICA PARA PERCEPÇÃO PSÍQUICA E CLARIVIDENTE

1. Em seu primeiro estágio de meditação, sente-se silenciosamente por alguns momentos e coloque-se no que é conhecido como estado alfa. Este é o estado em que os ritmos de seu cérebro são retardados para oito a doze ciclos por segundo. Neste estado de consciência, você contempla a mente e suas numerosas facetas.

Tenha ciência de que você possui uma mente superior à sua mente consciente. Enquanto mantém sua mente quieta, visualize o lago e veja sua superfície calma e imóvel. Enquanto contempla a mente, tome conhecimento toda vez que um pensamento perturbador ou negativo subir à superfície da consciência. Quando tiver alcançado absoluta quietude de sua mente consciente, suas faculdades psíquicas superiores se abrirão e farão a revelação à sua consciência.

2. Quando tiver alcançado essa quietude absoluta do estado de onda cerebral alfa, você poderá dirigir a seus centros psíquicos superiores várias perguntas e aguardar as respostas:

Que trabalho devo fazer?
Com quem devo casar-me?
Onde posso conseguir os 1.000 dólares de que preciso?
Devo confiar neste homem?
Em que negócio devo entrar?
Onde devo morar?

Você talvez não receba resposta imediata enquanto está entregue à meditação, por isso prossiga em suas atividades regulares e a resposta poderá vir da maneira mais inesperada.

COMO UM HOMEM USOU ESTA TÉCNICA E RECEBEU ORIENTAÇÃO NOS NEGÓCIOS

Um homem que eu conheci tinha um tremendo problema comercial e não sabia o que fazer a respeito. Aprendeu esta técnica de meditação e, todos os dias, durante alguns momentos, entrava no estado alfa e perguntava a seus centros psíquicos superiores o que devia fazer.

Depois de três dias, esse homem foi orientado a escrever uma carta para alguém em outro estado, que negociava no mesmo ramo. Este homem sugeriu uma fusão das duas empresas e, com isso, resolveu todos os problemas que o atormentavam. Sem dúvida, sua mente superior mandou instruções para escrever aquela carta que lhe resolveu o problema.

COMO UMA MOÇA FOI AVISADA SOBRE SEU NOIVO

Uma moça namorava um rapaz que desejava desposá-la. Ele parecia muito respeitável, tinha um bom emprego e a moça sentia que o amava muito. Contudo, tinha um vago sentimento de inquietação à medida que se aproximava a data do casamento. Por meu intermédio, ficou conhecendo percepção psíquica e sentou-se em meditação durante cerca de uma semana. Continuou tendo aquele sentimento psíquico de que havia alguma coisa errada. Um dia, inteiramente por acaso, quando estava sentada em um salão de beleza, fazendo um penteado, ouviu duas mulheres conversando. Ouviu o nome do noivo e, por curiosidade, ficou escutando. Sentiu-se chocada ao ouvir uma das mulheres contar que seu noivo estava sendo processado por uma moça solteira que afirmava ser ele o pai de seu filho! Correu para casa e interpelou o rapaz, que admitiu haver mentido e confessou que a história era verdadeira.

Se essa moça não tivesse sentado em meditação e entrado em contato com sua mente superior, é improvável que descobrisse a verdade a respeito do noivo. Rompeu o noivado e ficou agradecida por haver descoberto em tempo.

3. *Comunicação telepática* é coisa cuja possibilidade está agora cientificamente provada. Em um famoso colégio de me-

dicina, uma psicóloga realizou experiências com trinta e oito estudantes. Pediu que se concentrassem em transmitir telepaticamente formas de pensamento a um grupo de trinta e oito soldados aquartelados perto de Denver, Colorado. Cinqüenta por cento dessas experiências deram resultados positivos. Descobriu-se que, quando o emissor e o receptor estavam sintonizados entre si, suas ondas cerebrais tornavam-se idênticas!

Gêmeos foram usados em outras experiências e mantiveram comunicação telepática entre si a uma distância de mais de quinhentos quilômetros. No momento exato da sintonização entre os dois, suas ondas cerebrais tornavam-se idênticas e seus corações batiam em uníssono!

Quando desejar projetar seus pensamentos para a mente de outra pessoa, sente-se em silenciosa meditação. Afaste todas as preocupações e ansiedades de sua mente. Relaxe sua mente e seu corpo dizendo o místico mantra do Tibete: *Ohm mane padme ohm*. Faça isso de dez a quinze vezes, respirando fundo ao fazê-lo. A respiração fornece o poder propulsor elétrico e magnético para transmissão ou recepção de pensamento.

Mantenha o rosto da outra pessoa diante de sua mente enquanto projeta seu pensamento. Diga, então, consigo mesmo ou em volta alta, as palavras: "John, eu quero entrar em contato com você. É importante que você me chame."

Ou, se você deseja que a pessoa faça uma forma de ação, dê a ordem mental, repetindo-a várias vezes com voz firme e calma, sentindo emocionalmente que está falando diretamente com a pessoa.

COMO UM HOMEM DE NEGÓCIOS DESCOBRIU FRAUDE POR ESTE MÉTODO

Um homem que compareceu a algumas de minhas aulas de telepatia mental na cidade de Nova York achava que seu sócio comercial estava praticando fraude e apropriando-se de uma parte da renda. Em lugar de interpelar pessoalmente o sócio, empregou telepatia mental para chegar à mente dele. Sentava-se em meditação por alguns momentos toda noite antes de deitar-se. Falava com seu sócio, dizendo: "Harry, sei que você está tirando dinheiro de nossas contas. Insisto em que cesse essa prática e conte-me voluntariamente seus furtos, fazendo a restituição."

Exatamente uma semana depois, o sócio foi à sua casa e disse que precisava conversar com ele. Sentaram-se na biblioteca e o sócio confessou todos os seus furtos. Pediu perdão, prometeu restituição e ofereceu-se para vender sua parte do negócio ao outro! Havia perdido muito no jogo e apropriara-se do dinheiro para pagar suas dívidas de jogo.

4. Para receber pensamentos de outrem entre em quietude e medite na pessoa com a qual deseja manter comunicação. Este tipo de meditação pode ser realizado a qualquer hora do dia ou da noite e não importa que a pessoa esteja a milhares de quilômetros de distância.

Enquanto mantém o rosto da pessoa diante da mente, sinta as emoções que normalmente sentiria se estivesse em companhia dela.

Depois permaneça sentado quieto e deixe que pensamentos entrem em sua mente. Quando estiver psiquicamente sintonizado com a pessoa, você terá um sentimento de unicidade, e sua mente sentirá que está recebendo pensamentos de outra fonte.

Uma mulher estava sentada pensando em uma amiga que não via havia alguns meses. Perguntava a si própria onde a amiga estaria e que estaria fazendo. Cinco minutos depois, seu telefone tocou e, espantada, ela ouviu a voz da amiga, que disse: "Voltei à cidade ontem e tive a idéia de telefonar-lhe. Você deve estar pensando em mim!"

5. Para participar dos fenômenos psíquicos conhecidos como *clarividência e clariaudiência,* você etra em quietude e mantém a mente perfeitamente calma e quieta. Depois deixa passar imagens por ela, sem qualquer direção ou controle consciente de sua parte. Muitas vezes sentirá que está meramente usando a imaginação, mas com grande freqüência estará captando verdadeiras imagens clarividentes que foram emitidas pela mente de outra pessoa.

AVISOS CLARIVIDENTES DE PERIGO

Uma mulher teve uma visão clarividente muito perturbadora que lhe veio à noite enquanto dormia. Viu um automóvel capotando e incendiando-se. Não conseguia voltar a dormir e na manhã seguinte contou ao marido o que tinha visto. Dois dias depois, recebeu notícia de que seu irmão sofrera um acidente na Itália, quando seu carro capotara e ele morrera queimado.

Se praticar a recepção de imagens clarividentes, você será capaz de receber avisos de perigos que poderá evitar. Poderá também receber idéias que o ajudem financeiramente ou obter clarividentemente alguma idéia para uma invenção, uma música, um conto ou uma pintura, que lhe renderão muito dinheiro.

ESCRITORES CLARIVIDENTES

Conheço um escritor que obtém todas as suas histórias por meio de clarividência. Senta-se em meditação e deixa que a mente fique vazia. Depois, na tela de sua mente, projeta todos os personagens que usa em suas histórias. Até mesmo o diálogo e descrição manifestam-se perfeitamente.

Robert Louis Stevenson afirmava que recebia todas as suas histórias por clarividência. Permaneceu acamado durante anos e contou que seus personagens desfilavam diante dos olhos de sua mente, executavam suas ações e diziam suas palavras perfeitamente. A única coisa que ele fazia era registrar no papel essas imagens clarividentes.

6. Para receber predições sobre seu futuro, conhecidas como precognição, sente-se em meditação e peça à sua mente psíquica superior que desdobre o plano de seu destino futuro. Como tudo quanto você virá a fazer está inscrito no registro "akashico" de seu eu espiritual, esses acontecimentos e incidentes desdobrar-se-ão diante de seu olhar psíquico de maneira muito semelhante a imagens lançadas à tela por um projetor cinematográfico.

Inicie este processo de precognição conservando deliberadamente em sua mente certas cenas e depois pedindo à sua mente psíquica superior que lhe revele algo sobre os acontecimentos que ocorrerão.

Sente-se em quietude e medite sobre a realidade por trás da vida. Veja sua vida desdobrando-se progressivamente até sua conclusão última e lógica. Sua alma conhecerá seu propósito místico na vida e revelar-lhe-á a dourada tapeçaria de sonhos que poderá constituir seu glorioso destino futuro.

Lembro-me de uma ocasião em que estava remando em um raso lago no Estado de Nova York. Quando o barco parou perto da praia, olhei dentro da água e vi numerosos besourinhos pretos rastejando na lama no fundo do lago. Finalmente, um deles subiu rastejando pelo remo e saiu da água. Fiquei ali sentado algum tempo, até o besourinho secar. Então vi um milagre acontecer diante de meus próprios olhos. A casca dura do besouro abriu-se nas costas e dela saiu uma libélula com asas iridescentes e mil e setecentos olhos! Alguns momentos depois, essa maravilhosa criatura voou para longe sob o sol e uma lufada de vento soprou novamente para dentro da água a casca preta vazia. Ela desceu até o fundo do lago e as pequenas criaturas rastejantes no lodo nadaram curiosamente em volta dela, sem jamais perceber que eram parte de um milagre que um dia promoveria sua metamorfose de criaturas rastejantes na lama para milagres alados capazes de voar!

Sua alma tem visões e percepções negadas à sua mente mortal. Sente-se em meditação diariamente e procure a orientação de sua mente superior. A alma é o veículo para a transmissão de impulsos superiores e só em meditação e silêncio você pode ter consciência da voz divina que fala ao homem na quietude de sua alma imortal.

RESUMO DO CAPÍTULO 7

1. Você nasceu com poderes psíquicos e clarividentes, e pode receber comunicação de uma mente cósmica superior que conhece seu destino futuro.
2. Prova científica de que plantas em crescimento têm ciência do que está acontecendo em seu ambiente e possuem uma forma de comunicação psíquica com a humanidade.
3. Uma mulher amaldiçoou sua vida usando poder psíquico de maneira negativa. Ficou doente até aprender como ouvir sua mente psíquica superior, que a guiou para sua linha de ação certa.

4. Como você pode entrar em meditação e pôr-se no estado alfa, no qual poderá receber ou transmitir formas telepáticas de pensamento.
5. Como um homem usou este poder para receber orientação em seus negócios, que lhe proporcionou grande sucesso.
6. Uma moça usou orientação psíquica para descobrir a infidelidade de seu noivo, fato que verificou ser verdadeiro.
7. Como sentar-se em meditação e usar sua mente como estação transmissora, para enviar pensamentos à mente de outras pessoas.
8. Um homem de negócios descobriu a fraude de seu sócio por meio de meditação e desdobramento psíquico.
9. Como receber os pensamentos de outras pessoas, enquanto está sentado em meditação psíquica, e conhecer segredos a respeito da vida de outras pessoas.
10. Você pode abrir seus centros psíquicos para receber impressões clarividentes e clariaudientes das mentes de outras pessoas e da mente cósmica que conhece todos os segredos.
11. Uma mulher viu um acidente de automóvel em uma visão clarividente e dois dias depois recebeu notícia de que seu irmão havia morrido em desastre rodoviário.
12. Como receber precognição e predições sobre acontecimentos futuros de sua vida por meio de meditação

COMO USAR A MEDITAÇÃO DE SONO SEM SONHOS PARA RESOLVER PROBLEMAS DA VIDA COTIDIANA

8

Da antiga Índia vem-nos um poderoso estado de meditação chamado Sushupti — o sono sem sonhos. Neste estado de Meditação, você pode elevar-se acima de doença e dor, pode resolver problemas e deixar de experimentar preocupação e ansiedade por causa deles. Você pode literalmente tornar-se um super-ser, com espantosos poderes de mente e corpo.

Iogues que praticam esta meditação Sushupti são capazes de andar sobre brasas ardentes sem sentir dor. Podem parar o fluxo do sangue à vontade; podem regular suas batidas cardíacas e sua pressão arterial. São capazes de passar sem comida ou água durante vários dias. Podem ser enterrados vivos e são capazes de suspender a respiração e outras funções corporais.

COMO VOCÊ PODE USAR MEDITAÇÃO DE SUSHUPTI QUANDO ACORDADO

Como é ensinado no Extremo Oriente, o estado de meditação conhecido como Sushupti pode ser usado quando você está plenamente acordado. Você pode conscientemente pôr-se nesse estado de meditação e adquirir uma condição semelhante a auto-hipnose, na qual terá viva percepção e aproveitará poderes superiores da mente como nunca seria capaz de fazer em estados comuns de consciência.

VOCÊ PODE USAR SUSHUPTI PARA ESCAPAR DAS DORES DA VIDA

Esta meditação de Sushupti pode ser usada para escapar da dor, para resolver problemas perturbadoes e para imunizá-lo contra a angústia de desgostos profundos, solidão, doença e sofrimento de todas as espécies.

Uma mulher, que estudou comigo esse ramo de filosofia oriental, estava em uma situação na sua vida, em que experimentou, durante semanas, dolorosa agonia e foi capaz de elevar-se acima do sofrimento entrando diariamente na meditação de Sushupti. A filha de 6 anos de idade foi deixada sozinha em casa por pouco tempo e brincou com fósforos. Quando a mãe voltou, encontrou a criança caída na sala de estar, com as roupas completamente queimadas. Estava inconsciente e com queimaduras em dois terços do corpo.

No hospital, médicos não mostraram esperanças de salvar a vida da menina. A mãe rezou freneticamente por um milagre, depois se lembrou da meditação de Sushupti e percebeu que, para não enlouquecer de dor, devia fazer alguma coisa rapidamente. Entrou em Sushupti e colocou sua mente fora do alcance da dor e desespero que estava experimentando. Uma grande calma caiu sobre ela e durante dias, segundo lhe contou mais tarde o marido, andou de um lado para outro fazendo tudo automática e instintivamente, mas como uma sonâmbula. Jamais dava a impressão de violento pesar, culpa ou dor. Entregou a filha aos cuidados de Deus e, a partir desse momento, ficou serena e calma. Por felicidade, depois de muitas semanas no hospital, a menina restabeleceu-se completamente.

COMO ENTRAR NA MEDITAÇÃO DE SONO SEM SONHOS

1. Quando você entra na meditação conhecida como Sushupti, prepare-se como se fosse dormir um pouco. Respire profunda e

ritmicamente, contando até quatro enquanto inala, tornando a contar até quatro enquanto prende a respiração e depois soltando o ar. A inalação pode ser pelo nariz e a exalação pela boca.

2. Com os olhos fechados, visualize o cume da montanha espiritual a distância. Você já viu fotografias do Monte Everest ou Fujiyama, com seus picos cobertos de neve. Procure formar essa imagem mental de uma montanha e depois escale mentalmente a montanha por estágios graduais. Quando começa a subir, a partir da planície de dor, doença, sofrimento mortal, guerra e morte, medite o seguinte:

Eu agora subo ao cume da montanha espiritual, elevando-me acima da planície de sofrimento e dor da mente mortal. Aspiro agora aos ilimitados reinos celestiais onde possa expandir minha consciência para abranger a eternidade. Nenhuma experiência da vida pode agora deter minha alma altaneira. Elevo-me acima de todos os problemas e todas as obstruções físicas até a estratosfera espiritual onde encontro a verdadeira realidade por trás da vida. Todas as minhas experiências terrenas transformam-se agora em sonhos, desvanecendo-se em sua nulidade nativa, e eu entro no estado de Sushupti, o Sonho eterno, onde participo da consciência divina de imortalidade. Estou livre de sofrimentos. Estou livre de dor. Estou livre de perda e privação terrenas. Só conheço eterna alegria e êxtase, quando chego agora ao cume da montanha espiritual e encontro a morada de Deus.

3. Para alcançar o estado de meditação de Sushupti a fim de controlar o corpo e suas funções, entre em quieta meditação, visualizando o cume da montanha espiritual. Depois, force mentalmente a mente para qualquer parte do corpo que deseje controlar. Se o médico lhe disse que você tem distúrbio cardíaco, dirija a força vital para o coração com a seguinte meditação e ordem: Agora dirijo minha energia psíquica e força vital para o coração. Ele está agora sendo regulado para bater aproximadamente setenta e duas vezes por minuto. Dirijo esta força vital para curar meu coração e levar minha pressão arterial à normalidade. Afasto de minha mente todos os pensamentos de medo e ansiedade e estou em perfeita saúde.

4. Para vencer *insônia* e adormecer imediatamente, use a meditação de Sushupti da seguinte maneira: Deite-se na cama em

estado perfeitamente relaxado e respire profundamente dez ou quinze vezes, exalando o ar como se estivesse suspirando. Feche delicadamente os olhos e medite o seguinte: Agora entro no sono sem sonhos de Sushupti. Minha mente está pacífica e parada. Agora subo ao cume da montanha espiritual. Estou relaxado e experimento profunda sensação de paz e tranqüilidade. Estou unido a todas as forças cósmicas de paz, beleza, amor e alegria. Subo e ascendo às alturas supernas, enquanto meu corpo se torna mais leve e flutua como que sobre uma nuvem. Paz, paz, paz.

5. Para resolver problemas e afastar preocupações cotidianas, entre no estado de meditação conhecido como Sushupti da seguinte maneira: Sente-se quieto em uma poltrona ou deite-se na cama. Feche os olhos e faça a respiração profunda dez ou quinze vezes. Depois torne seu corpo rígido por alguns segundos e em seguida relaxe-o. Faça isto quatro ou cinco vezes, até estar relaxado da cabeça aos pés.

Depois entregue-se à seguinte meditação, enquanto conserva os olhos fechados: Estou agora retirando minhas percepções sensórias do mundo de problemas e torvelinho. Estou agora dentro da catedral de minha alma, onde meus sentidos são levados a um estado de paz perpétua. Através das janelas de vidro colorido de minha alma, eu agora medito sobre o clarão dourado da eterna presença de Deus. Minha mente e meu corpo estão agora embebidos de luz da paz, infinito amor e verdade. Subo agora ao cume da montanha espiritual, deixando para trás as planícies ensombradas de desespero da mente mortal.

Depois tenha a impressão de elevar-se, como se estivesse subindo em um avião, até experimentar uma sensação de completo desprendimento do mundo e seus problemas.

6. A fim de libertar poder criativo e enriquecer sua imaginação para alguma inspiração especial, você pode usar a meditação de Sushupti. Muitos artistas pintam melhor porque usam esta meditação. Escritores e poetas entram em Sushupti quando desejam inspiração para criar magníficas obras-primas. Inventores têm usado esta técnica de meditação quando desejam conhecimento especial para inventar algum objeto. Esta meditação é boa para todos quantos desejam libertar seus poderes de imaginação para trabalho criativo. Um homem de negócios que conheci usava com

freqüência esta meditação de Sushupti, por alguns momentos, várias vezes ao dia, quando desejava ter novas idéias para melhorar seus negócios. Uma famosa atriz que conheci em Hollywood aprendeu esta meditação e, imediatamente antes de enfrentar as câmeras, entrega-se a cinco minutos de meditação de Sushupti, na qual alcança um estado de suspensão de sua mente consciente e, segundo diz, se transforma literalmente na personagem em que medita.

Sente-se em meditação para poderes criativos especiais e trate silenciosamente seus centros mentais superiores com esta meditação: Agora suspendo minha mente consciente e abro meus centros criativos de visão e imaginação. Sou agora um canal para a recepção de novas e maravilhosas idéias para meu trabalho. Estou no centro de um remoinho criativo, e minha imaginação é agora estimulada a criar alguma coisa de grande e duradoura beleza para o mundo.

7. Você pode usar a meditação de Sushupti para libertar o que os místicos da Índia chamam de Fogo Prânico Celestial dentro de seu cérebro e corpo.

É útil para adquirir absoluto domínio de seu cérebro e corpo. É usada para controlar a energia nervosa do corpo. É útil para eliminar obstáculos e elementos perturbadores de seu ambiente. Pode ser usada para criar uma dinâmica personalidade de magnetismo, fortaleza, encanto e poder.

Sente-se em meditação e respire fundo dez ou quinze vezes. Prenda a respiração e conte até quatro. Quando aspirar, visualize a força vital do sopro descendo pelo lado esquerdo da coluna vertebral. Em seguida, conte até quatro com a respiração presa e depois solte o ar, visualizando o sopro como uma dourada bola de fogo que sobe pelo lado direito da coluna vertebral. Quando chegar à base do cérebro, veja essa bola de chama dourada explodindo como fogos de artifício e inundando toda a área cerebral com sua chama celestial.

UM CONCERTISTA DE PIANO USA SUSHUPTI PARA ENCANTAR AS PLATÉIAS

Conheço um famoso concertista de piano que se apresentou numerosas vezes no Carnegie Hall e que usa este estado de Sushupti para estimular seus centros cerebrais criativos com tanto poder, que é capaz de deixar as platéias fascinadas durante toda sua atuação. Ele medita durante dez minutos antes de enfrentar o público e projeta a dourada chama criativa para seus centros cerebrais. Diz que esta meditação o relaxa e sente que as forças terrenas negativas que se lhe acumularam no cérebro são completamente queimadas, deixando dentro da mente e da alma a pura e paradisíaca inspiração de música celestial.

RESUMO DO CAPÍTULO 8

1. A Meditação da Índia conhecida como Sushupti e como o sono sem sonhos ajuda você a vencer doença e resolver todos os problemas.
2. A misteriosa onda cerebral Delta descoberta por cientistas, que dá à pessoa sonhos clarividentes, vôos astrais e sonhos estranhos, e como Sushupti leva a pessoa para Delta.
3. Como este poder atua no reino da natureza através da hibernação do urso polar e como atua na lagarta quando ela entra no sono sem sonhos de Sushupti para tornar-se borboleta de asas douradas.
4. Você pode usar Sushupti para escapar às dores da vida, resolver problemas e imunizar-se contra a angústia da solidão, dor de cabeça e sofrimento.
5. Como uma mulher usou Sushupti quando a filha se queimou em um acidente quase fatal. Ela foi capaz de afastar sua mente da agonia e sofrimento através de Sushupti.
6. Como subir ao cume da montanha espiritual na meditação de Sushupti e elevar-se ao sonho eterno onde não há problemas, dores, doença ou sofrimento.
7. Como entrar em meditação de Sushupti para controlar as funções do corpo, regular o coração e a pressão arterial.
8. Como usar Sushupti para vencer insônia e adormecer instantaneamente à noite, sem ajuda de comprimidos soníferos.

9. Como usar a meditação de Sushupti para resolver problemas cotidianos, afastar preocupações e ansiedades, e encontrar paz eterna.
10. Como libertar poder criativo e imaginação por meio de Sushupti para realizar trabalho criativo. Uma fomosa atriz de Hollywood usa esta meditação imediatamente antes de enfrentar as câmeras.
11. Como libertar o místico fogo prânico celestial dentro de seu cérebro e seu corpo por meio da meditação de Sushupti.
12. Um concertista de piano usa esta meditação quando toca e mantém as platéias fascinadas.
13. Como atingir a mais alta pureza espiritual e o estado de perfeição entrando na meditação de Sushupti.

9 COMO DESENVOLVER PODERES MENTAIS SUPERIORES E CONSEGUIR O DOMÍNIO DA VIDA ATRAVÉS DE MEDITAÇÃO

Nas terras místicas do Extremo Oriente, onde se originou Meditação, quem tivesse vencido a si próprio e dominado a vida era chamado Mestre. Esses grandes Mestres ou Gurus eram capazes de controlar completamente o poder da mente e do corpo. Podiam realizar milagres de cura; tinham ilimitada energia; retardavam as erosões da idade, e muitos deles chegaram a viver cento e vinte anos ou mais.

Neste capítulo, aprenderemos como usar o poder de meditação transcendental para desenvolver poderes mentais superiores e obter o domínio da vida.

AS QUATRO MEDITAÇÕES SAGRADAS

Existem quatro meditações sagradas que você pode usar e que promovem o que é conhecido como Absorção na Luz, sendo Luz o Espírito Cósmico ou o que nós, em nosso mundo ocidental, chamamos Deus. Com esta mente cósmica que se irradia através do tempo e do espaço você só pode estabelecer contato quando sua mente consciente está quieta. Então você pode atravessar as nuvens de confusão e desinformação, para entrar em contato com a mente cósmica que é o repositório de todo conhecimento e todo poder.

O banco de Memória Cósmica pode ser usado por seus centros mentais psíquicos superiores. Você pode usar esse conhecimento para modelar qualquer mundo que escolha.

Durante séculos, o homem esteve grudado à terra porque não expandia a consciência até esses planos superiores. Há pouco mais de cem anos, não havia automóveis, nem aviões, televisão, telefones, cinema ou iluminação elétrica. Quando o homem adquiriu asas da alma, recorreu ao invisível banco de memória cósmica e recebeu a divina inspiração para criar grandeza.

PRIMEIRA MEDITAÇÃO SAGRADA

Sente-se em quietude e entre na primeira Absorção. Esta é conhecida como meditação da mente sobre a Mente e tem como propósito despertar os centros mentais superiores para colocar sua mente em contato com a mente cósmica que conhece todas as coisas.

Diga dez vezes em voz alta o Mantra sagrado do Tibete: *Ohm mane padme ohm*. Respire fundo cada vez antes de dizer a Mantra e, depois de dizer *Ohm,* feche delicadamente os lábios, segurando o ohm por alguns segundos, antes de dizer *mane padme ohm.* Deixe que as vibrações subam à região da cabeça. Isto aplica delicada massagem à cabeça e ajuda a abrir os centros superiores, conhecidos como Chakras, onde reside o poder mental intuitivo.

Agora medite sobre sua mente consciente. Tenha ciência da memória, imaginação, visualização, concentração e todos os atributos da mente.

Repita para você mesmo a seguinte meditação:

> *Agora percebo a Mente em todos os seus aspectos. Minha mente consciente agora escolhe os pensamentos que eu devo pensar. Percebo memória e imaginação. Agora procuro o conhecimento oculto que está dentro do banco da memória cósmica. Minha mente está agora afinada com a mente cósmica superior que conhece tudo, vê tudo e é todas as coisas. Eu solto o poder de minha imaginação. Concentro todo o poder*

de minha mente sobre retenção de memória, sobre imagens mentais do mundo que desejo criar. Vivo no mundo mental de minha própria escolha. Projeto formas de pensamento de saúde, e meu corpo responde com vitalidade e energia. Projeto formas de pensamento de sucesso e riquezas, e sou guiado para a vida abundante. Projeto formas de pensamento de poder mental superior e me torno criativo.

A CIÊNCIA CHAMA ESTA MEDITAÇÃO DE ESTADO "TETA"

Nos laboratórios científicos, descobriu-se agora que, quando a pessoa entra nesta forma de meditação e absorção na luz, as ondas cerebrais reduzem-se a um ritmo lento de quatro a sete ciclos por segundo. Este é o estado de meditação usado por gênios que desenvolvem lentamente seus padrões e idéias criativas para artes plásticas, música, literatura, invenções e descoberta de novas idéias.

COMO UM ESTUDANTE DE COLÉGIO AUMENTOU SUAS NOTAS POR MEIO DE TETA

Por meio deste estado Teta de meditação, um estudante de colégio, que obtinha sistematicamente notas baixas, foi capaz de melhorar suas notas e passar à frente de sua classe! Ele não tinha a menor retenção de memória até quando aprendeu a retardar o ritmo cerebral e alcançar a Primeira Absorção em Meditação Mística.

Para conseguir absoluto poder de concentração e alcançar o estado Teta de Meditação, volte em sua memória às mais antigas lembranças que tem de sua infância. Quando retarda a corrente de consciência para o estado Teta, você focaliza os poderes da mente especificamente sobre uma coisa de cada vez. Retenção de memória utiliza este mesmo princípio. Quando você retarda seus processos de pensamento e fixa imagens mentais em sua mente, concentrando-se nelas, elas deixam marcas profundas nas convoluções de seu cérebro, e você terá rememoração total de tudo quanto vê, ouve, lê ou pensa.

COMO UM HOMEM USOU ESTA MEDITAÇÃO PARA TORNAR-SE SUPERVENDEDOR

Um homem que conheci, vendedor de utensílios domésticos, tinha falta de concentração e nunca conseguia fechar uma venda. Começou a estudar estes princípios Teta e passou a praticar a primeira absorção. Usou a Meditação Teta e afirmou que sua mente era superior, que ele seria persuasivo e vigoroso em sua apresentação dos argumentos de venda que desejava expor. Toda vez, antes de aproximar-se de um cliente, ele entrava no estado Teta e meditava da seguinte maneira: "Agora retardo minha mente consciente. Estou na meditação Teta. Falarei devagar e convincentemente. Eu me lembrarei de todos os pontos bons de meu produto. Recorrerei às reservas ocultas de poder mental e fecharei esta venda com sucesso."

Na primeira semana, ele vendeu a todo cliente do qual se aproximou! Agora é o gerente distrital de vendas de sua empresa.

Para obter o poder mental subconsciente superior, entregue-se a esta meditação, enquanto mantém sua mente absolutamente quieta:

Agora tenho conhecimento de meu poder mental subconsciente. Eu relego todas as funções automáticas a seu controle. Impeço que minha mente consciente interfira com esse poder superior. Peço-lhe que me guie para meu trabalho certo. Desejo tornar-me um gênio criativo, pintar quadros, inventar, escrever grandes histórias, compor música. (Aqui você deve incluir todos os dons criativos que deseje. Não se limite, pois você pode tornar-se proficiente em numerosos campos. Churchill era estadista, mas era também grande escritor, orador e pintor, tendo ainda numerosos outros dons.)

COMO UMA MULHER USOU ESTA MEDITAÇÃO E TORNOU-SE ESCULTORA

Uma mulher de 35 anos que conheci em minhas palestras contou-me que era apenas uma dona de casa comum, sem o menor talento de qualquer espécie. Perguntei-lhe o que gostaria de ser e ela respondeu: "Eu adoraria ser artista plástica, mas não sei traçar sequer uma linha reta!" Então lhe falei sobre esta Meditação para soltar gênio criativo, e ela começou a usá-la diariamente. Em duas semanas, sentiu-se impelida a matricular-se em um curso de escultura que estava sendo ministrado por sua igreja, e logo descobriu que tinha enorme talento para artes plásticas.

MEDITAÇÃO PARA DESCARREGAR PODER MENTAL SUPERCONSCIENTE

A terceira fase de poder mental superior que você pode procurar e descarregar através de sua consciência é aquela da mente Superconsciente. A isto William James, da Universidade Harvard, dava o nome de Mente Universal. Em misticismo, é mencionado como Mente Cósmica, que cria todas as coisas.

Sente-se quietamente em meditação e medite o seguinte:

> *Eu percebo o supremo poder por trás do universo, que o homem chama Deus. Sei que essa Mente Superior criou todas as coisas e sustenta-me. Agora entro no estado de absorção na luz da Infinita Presença de Deus. Minha mente reflete Sua Mente e eu percebo os poderes superiores que estão atuando em todos os níveis de minha consciência. Estou unido à luz da Verdade e a verdade reflete-se em minha vida. Estou unido à luz da Paz, e minha vida é pacífica. Estou unido à luz da Alegria e reflito felicidade em minha vida cotidiana.*

A SEGUNDA MEDITAÇÃO SAGRADA

Para um alto grau de poder mental e espiritual superior, o iniciado em meditação sagrada nas escolas iogas de filosofia é levado ao segundo estágio de absorção na Luz.

Sente-se em quietude como antes e repita o sagrado Mantra *Ohm mane padme ohm.* Quando sua mente estiver perfeitamente quieta, entregue-se à contemplação da mente sobre o corpo e todos os seus atributos.

Projete silenciosamente seus pensamentos em um ritmo que no eletroencefalógrafo se situa entre oito e doze ciclos por segundo e é conhecido como estado Alfa.

Esta é a meditação para ser usada quando você deseja adquirir poderes curativos a fim de vencer males físicos específicos. É usada para enriquecer os cinco sentidos, a fim de que você veja, ouça, tateie, saboreie e cheire com sensibilidade aumentada.

Esta é a meditação para ser usada quando você deseja vencer algum hábito negativo, como fumo, alcoolismo ou jogo.

Quando se sentar em meditação, ponha-se no estado Alfa, vendo o lago espiritual, sem uma ondulação em sua superfície. Você pode ler isto no começo, até decorá-lo, depois, sempre que desejar alcançar o estado alfa de meditação, pode dizer esta meditação:

> *Estou agora entrando no estado Alfa de meditação. Vejo o lago espiritual, e minha mente se torna tão pacífica e quieta quanto aquele lago.*
>
> *Agora contemplo o poder da mente sobre o corpo e todos os cinco sentidos. Percebo minha mente em todos os seus aspectos. Um poder mais alto flui agora através dos centros criativos da mente tornando-me superior consciente e subconscientemente. Todos os órgãos de meu corpo reagem agora a este fluxo de poder mental cósmico.*
>
> *Contemplo meus olhos e sei que eles são os canais perfeitos para percepção do mundo que me cerca. Agora relaxo minha mente consciente e deixo o poder mais alto fluir através de meus olhos, vendo tudo perfeitamente.*

Quando meditar sobre os olhos, respire fundo dez ou quinze vezes, mandando a força vital prânica subir pela coluna e passar por cima da cabeça até a testa. Ao mesmo tempo, abra os olhos e feche-os com a sensação de estar lançando faíscas através de seus globos oculares. Isto massageia delicadamente o globo ocular e ajuda a contrair e expandir os cristalinos, bem como a melhorar o nervo ótico que transmite os impulsos elétricos ao cérebro superior, onde ocorre a verdadeira visão.

Este exercício de meditação ajudou a melhorar a vista de muitas pessoas que eu conheço. Em dúzias de casos de pessoas que usavam óculos para ler, melhorou tanto a vista que elas se tornaram capazes de ler perfeitamente sem óculos!

Agora faça a mesma meditação para o sentido da audição. Contemple os ouvidos e sua função, e diga a seguinte meditação:

> *Agora percebo o sentido da audição. Agora ouço todos os sons em meu ambiente. Ouço vozes na rua, música a distância, os sons de pássaros, grilos e toda a natureza. Minhas percepções sensórias tornam-se agora agudas, e meu nervo auditivo reage às mais ligeiras vibrações na atmosfera que me cerca.*

COMO UM CONCERTISTA DE VIOLINO ADQUIRIU ALTA SENSIBILIDADE

Um famoso concertista de violino que conheci no Carnegie Hall, quando lá fiz palestras durante anos, adquiriu alto grau de sensibilidade por meio desta meditação. Ele produz sons de tão incrível beleza que todos os críticos o elogiam muito.

Escolha cada dia uma percepção sensória diferente para sua meditação, revezando-as até ter conseguido perfeição em todos os cinco sentidos.

UM DESENHISTA DE MODAS ADQUIRIU GRANDE PERÍCIA POR MEIO DE MEDITAÇÃO

Conheço um desenhista de modas que trabalha para um dos grandes estúdios de Hollywood e que iniciou Meditação Ioga em minhas classes, adquirindo tal proficiência em seu ofício a ponto de desenhar vestidos tão surpreendentes e diferentes, que se tornou o mais bem pago desenhista de modas em Hollywood.

A TERCEIRA ABSORÇÃO NA LUZ

Agora você está preparado para entrar na terceira absorção na luz, que pode alcançar por meio de meditação diária.

Esta meditação consiste na contemplação das virtudes cósmicas e qualidades da mente.

Medite sobre a primeira virtude durante cinco minutos — *VERDADE*. Diga a seguinte meditação: "Agora contemplo a Verdade. Reflito a verdade em minha vida cotidiana. Sou verdadeiro para comigo mesmo e para com os outros. Reconheço a verdade cósmica como princípio unificador por trás do universo."

Bondade. Durante cinco minutos medite sobre a qualidade de bondade, da seguinte maneira: "Agora reflito a bondade em meus pensamentos, palavras e atos. Deus é bom e, quando eu ajo sob a lei da Divindade, eu sou Divino. Minha vida prospera com bondade, e eu percebo que só a bondade é que pode vencer o poder negativo do mal."

Caridade. Medite sobre esta virtude, da seguinte maneira, durante alguns momentos cada dia: "É mais abençoado dar do que receber. Estou agora no fluxo cósmico de bondade, e minha vida transborda com todas as coisas boas da vida."

Beleza. Medite alguns momentos cada dia sobre esta qualidade, da seguinte maneira: "Percebo a infinita beleza em toda a natureza. Estou cercado pela dourada presença de Deus em flores viçosas, árvores verdejantes, céu azul e montanhas distantes. Adorno os pensamentos com beleza e me torno belo. Só registro o que é belo em meu ambiente e ignoro o que é feio e deprimente."

Compaixão. "Eu agora medito sobre esta virtude, e meu coração sente compaixão por todas as criaturas vivas. Estou unido à vasta fraternidade de todos os seres humanos. Dou minha simpatia, consideração e bondade aos outros e, em troca, sou abençoado com felicidade, paz e abundância."

Amor. Medite sobre esta virtude, da seguinte maneira: "Percebo a divina emoção de amor, em todas as suas facetas cósmicas. Deus é amor. Estou unido a infinito amor. Amo meus semelhantes e reflito amor diariamente em minhas relações com os outros."

UMA MOÇA QUE NÃO CONSEGUIA ENCONTRAR VERDADEIRO AMOR USOU ESTA MEDITAÇÃO

Uma moça de 23 anos procurou-me certa vez para queixar-se de que não conseguia encontrar verdadeiro amor. Todo rapaz com quem saía reagia com um tipo físico de amor que a desgostava. Dei-lhe esta emoção de amor para meditar todos os dias e recomendei-lhe que dissesse as palavras repetidamente, muitas vezes por dia. Ela logo passou a irradiar uma forma de beleza espiritual interior que atuou como ímã para atrair o tipo superior de homem que não estava interessado só em amor físico. Três meses depois, ficou noiva de um belo jovem!

COMO UM HOMEM AUMENTOU SEU FLUXO DE DINHEIRO POR MEIO DE MEDITAÇÃO

Um homem que, segundo me contou, nunca conseguia ganhar dinheiro suficiente para ficar livre de dívidas usou duas dessas meditações: Bondade e Caridade. Começou a fazer de si próprio um canal de bondade. Iniciou o fluxo de riqueza e abundância, dando a outros e logo atraiu dois mil e quinhentos dólares de uma fonte inesperada. Nós magnetizamos aquilo em que meditamos. Alguém disse: "Mostre-me os pensamentos secretos de um homem, e eu serei capaz de predizer os acontecimentos futuros de sua vida."

A QUARTA ABSORÇÃO NA LUZ

A quarta e última absorção na luz é conhecida como meditação sobre Êxtase Divino, na qual a pessoa se funde com a luz. Isto é conhecido como obtenção do estado de Nirvana, que fica além de prazer ou dor, fazendo com que a pessoa se eleve às alturas cósmicas de meditação.

Nesta meditação sagrada, acenda uma vela branca e prepare um santuário com alguma relíquia sagrada em que você acredita, por exemplo, uma medalha, um rosário, uma cruz ou outro emblema de sua fé em Deus.

Você pode queimar incenso ou usar outro perfume no aposento. Isto ajuda a estimular os centros superiores de consciência. Nesta meditação, abra as Três Pétalas da Sagrada Flor de Lótus. Visualize o perfeito Lótus multicolor em toda sua perfeição. Este é, no Extremo Oriente, um símbolo da Divindade no homem, a perfeição última que reside dentro da alma imortal.

A primeira pétala aberta nesta meditação é simbólica da Onisciência de Deus. Medite da seguinte maneira:

Agora abro a pétala sagrada da onisciência. Estou na luz da sagrada presença de Deus, que tudo conhece e tudo sabe. Os segredos do universo são agora conhecidos de minha mente superior. Minha alma é banhada pela dourada luz de espírito cósmico, e eu entro no divino romance, onde minha alma morará em união perfeita com a infinita paz, infinita beleza, infinita bondade, infinita alegria e infinito amor da luz de Deus.

A segunda pétala do lótus sagrado que você agora abre em meditação é a da Onipresença. Visualize de novo o Lótus em toda sua beleza multicolor. Veja as pétalas abrindo-se uma a uma, revelando a translúcida beleza interior que representa o esplendor aprisionado de sua alma. Medite da seguinte maneira, enquanto mantém em sua mente esse quadro de perfeição e beleza do Lótus:

Agora assumo a onipresença de espírito infinito que está em toda parte e conhece todas as coisas. Entro naquele vasto reino cósmico de infinita inteligência onde minha alma é transportada para bem-aventurança infinita em uma fusão com a luz do Nirvana. Estou acima de todo prazer e dor. Meu corpo e meus apetites estão agora sob controle. Eu sou só mente intelecto e espírito. Percebo o reino transcendental de espírito puro no qual minha alma é transportada para as plantas celestiais de amor e êxtase. Estou unido à luz.

A terceira pétala do lótus sagrado que você pode agora abrir em meditação é a da Onipotência. Medite da seguinte maneira: A infinita presença de Deus está presente em toda parte, em todas as coisas, fluindo através de toda a criação em Seu glorioso e dourado Eu.

Vejo Sua sublimidade e Sua majestade em toda montanha alterosa, em todo arbusto florescente e em toda árvore fragrante. Ouço Sua voz na chuva que cai, na cascata trovejante, no canto feliz de pássaros ao cair da tarde. Vejo Seu dourado semblante em todo incandescente nascer e pôr-do-sol, nas fragrantes flores ulticores que cobrem a face da terra, no cintilante luar e no rilho de estrelas que iluminam o manto purpúreo da noite. Na ascateante e dourada luz do sol que banha a terra e faz todas s coisas crescerem para alimentar e sustentar a humanidade, perebo Sua Força e Seu Poder.

Reconheço Sua Onipotência, Seu Poder Infinito, e minha alma gora reflete este esplendor cósmico e presta homenagem à Sua ternidade. Minha alma agora veste este manto de imortalidade com ublimidade e majestade, e eu estou unido à Luz de Sua Infinita resença.

RESUMO DO CAPÍTULO 9

1. Como os Mestres ou Gurus do Extremo Oriente adquirem completo domínio sobre si próprios e sobre a vida, por meio de Meditação Sagrada.
2. O Banco de Memória Cósmica que você pode aproveitar com seus centros mentais psíquicos superiores e usar esse conhecimento oculto para modelar o mundo de sua escolha.
3. Como cresceram as asas da alma do homem e lhe foram revelados alguns dos maiores segredos do universo.
4. A primeira meditação sagrada: como entrar na primeira Absorção na Luz e conseguir a meditação para abrir os centros mentais superiores que conhecem todas as coisas.
5. Como usar a Meditação que a ciência chama de padrão de onda cerebral Teta, de quatro a sete ciclos por segundo, que dá tremendos poderes mentais, iguais aos de um gênio.
6. Como um estudante colegial usou esta meditação para melhorar sua memória e passar à frente de sua classe.
7. Um homem usou este estado Teta de meditação e logo se tornou supervendedor, vendendo a todo cliente de quem se aproximou na primeira semana de meditação e logo se tornando o gerente de vendas de sua empresa.
8. Como usar os poderes das mentes consciente, subconsciente e superconsciente por meio das forças de meditação.

9. Uma dona de casa usou esta meditação para tornar-se escultora muito talentosa, sem que tivesse tido experiência anterior.

10. Como chegar à segunda meditação sagrada, que a ciência conhece pelo nome de estado Alfa, com onda cerebral de doze a dezoito ciclos por segundo, a fim de realizar milagres de cura, vencer maus hábitos e melhorar a mente.

11. Como contemplar o poder de mente e corpo, e controlar todos os cinco sentidos, adquirindo vista melhor, audição mais aguda e melhora de todas as percepções sensóriais.

12. Um concertista de violino adquiriu alto grau de sensibilidade e foi aclamado pelos críticos, quando dominou esta meditação sobre beleza.

13. Como conseguir a terceira absorção na luz, através da contemplação das seis virtudes: Verdade, Bondade, Caridade, Beleza, Compaixão e Amor.

14. Uma moça foi capaz de conquistar perfeito amor, depois de fazer estas meditações apenas por pouco tempo, e ficou noiva.

15. A quarta absorção na luz e como abrir as três pétalas sagradas da Flor de Lótus, Onisciência, Onipresença e Onipotência, para conhecer todos os segredos do universo, tornar-se unido à Luz Dourada conhecida como Nirvana e livrar-se de dor e prazer.

COMO ABRIR OS SETE CHAKRAS SAGRADOS DA CONSCIÊNCIA PARA PODERES ESPECIAIS DE PERCEPÇÃO EXTRA-SENSORIAL E PERCEPÇÃO CÓSMICA

10

Meditação transcendental pode ser usada para dar-lhe espantosos poderes da mente e alma. Existem sete Chakras sagrados de consciência que têm sua localização no cérebro e no corpo. Quando esses Chakras são abertos por meio das meditações apropriadas, você adquire poderes instantâneos de percepção extra-sensorial, você passa a ter percepção cósmica e visão astral que lhe dão a capacidade de conhecer segredos negados aos mortais comuns.

No presente capítulo, investigaremos esse profundíssimo mistério do misticismo do Extremo Oriente e aprenderemos como aumentar poderes psíquicos que o tornarão supernormal.

Antes de aprender a abrir esses sete Chakras sagrados por meio de meditação, é importante que se compreenda ser o homem um ser triplo.

O corpo físico, com suas necessidades materiais, freqüentemente reclama da mente seu cuidado e orientação. Quando o eu físico tem permissão para governar a consciência, o homem não é melhor do que os animais, que seguem apenas os ditames de seus apetites físicos.

Quando o homem aprende a controlar seu corpo físico, com suas incessantes exigências, e se eleva a um estrato superior de consciência, liberta-se das dores e achaques do corpo e de suas constantes moléstias. Isto é o que os iogues tentam fazer através da abertura dos sete Chakras sagrados — relegar a cada área da mente e do corpo seu próprio controle, para que a alma do homem seja livre e possa seguir suas inspirações e alcançar iluminação espiritual.

COMO UMA MULHER PRESA POR MALES TERRENOS SOFREU DESNECESSARIAMENTE

Uma mulher que eu conheci sofria constantemente toda espécie de doenças. Não apenas sofria fisicamente, mas também experimentava tortura mental. Tomou toda sorte de remédios para seus males físicos. Tratou-se com um psiquiatra que cobrava vinte e cinco dólares por consulta, a fim de combater sua angústia mental, e pediu a ajuda do ministro da igreja para tentar resolver seus problemas espirituais de culpa mental e angústia da alma.

Não há necessidade de entrar na natureza de suas numerosas doenças, mas ela era escrava de seu corpo e suas incessantes necessidades. Dei-lhe este método para abrir os sete Chakras sagrados da mente, corpo e alma, e as meditações apropriadas para cada um deles. Ela começou a usá-los diariamente durante apenas quinze minutos e logo ficou mental, física e espiritualmente unificada e curada completamente.

Este ramo de controle ioga é conhecido como Rajá ou Real Ioga. Trata da abertura dos centros superiores de consciência por meio de um rígido sistema de controle mental, respiração e meditação.

O REGIME A USAR PARA ABRIR OS SETE CHAKRAS SAGRADOS ATRAVÉS DE MEDITAÇÃO

1. O primeiro Chakra está localizado na zona vital abaixo do umbigo, controlando os órgãos de reprodução e a força vital da vida.

A função física deste Chakra é para propósitos de perpetuação da raça humana através da reprodução. Todavia, as emoções geradas através desta zona vital são com freqüência mal usadas e degeneradas em animalismo, paixão e luxúria, tornando o homem escravo de sua natureza sexual básica.

COMO UM MOÇO ARRUINOU A VIDA POR IGNORÂNCIA DE LEIS DOS CHAKRAS

Ignorância das leis espirituais e dos verdadeiros propósitos do instinto sexual no homem pode muitas vezes arruinar a vida da pessoa.

Um moço de 22 anos procurou-me em verdadeira dificuldade. Duas moças, com as quais mantinha relações, estavam grávidas e ele não sabia o que fazer.

Suas paixões descontroladas levaram-no a mentir a ambas, dizendo que ia casar-se com elas. "Agora", disse-me ele, "nenhuma das moças sabe a respeito da outra. Não posso casar-me com as duas e não tenho certeza se amo alguma delas. Que posso fazer?"

Falei-lhe que seria errado fugir às suas responsabilidades, mas, apesar disso, não podia casar com qualquer das moças. Aconselhei-o a confessar a verdade a cada uma das moças, admitir que lhe havia mentido a respeito de casamento e revelar-lhe a existência da outra moça.

Ele seguiu meu conselho e confessou sua impostura a cada uma das moças. As duas voltaram-se contra ele e recusaram ter qualquer entendimento com ele, mas isso não resolveu o problema da gravidez. Depois de procurar conselho com os médicos de suas famílias, cada uma das moças decidiu, por sua própria conta, ter um aborto. O moço concordou em pagar as despesas, mas a culpa moral em que incorreu o perseguirá a vida inteira e nublará qualquer casamento futuro com o temor de descoberta e outras possíveis repercussões. Ele resolveu seu problema, mas sente-se espiritualmente culpado de violar leis cósmicas e terá que pagar sua dívida cármica durante toda a vida.

COMO ABRIR O PRIMEIRO CHAKRA

Enquanto permanece sentado em quieta meditação, com os olhos fechados, concentre a atenção na zona vital. Veja a sagrada flor de lótus e mentalmente abra as três pétalas, meditando na cor Vermelha, e atribua às três pétalas as qualidades de Amor, Inspiração e Êxtase.

Diga ou pense a seguinte meditação:

Percebo agora o fogo cósmico dentro de minha mente e meu corpo. Está agora dirigido para sua esfera de ação apropriada como força vital e energia criativa. Eu sublimo este fogo celestial na divina emoção de amor, enobrecendo, elevando e refinando todos os meus sentidos e fazendo com que eu me eleve acima da luxúria, animalismo e sensualidade.

Eu sublimo esta divina emoção em inspiração e êxtase. Torno-me um canal criativo e expresso grandes idéias para o bem do mundo. Eu expresso amor sem egoísmo por todas as pessoas e sou inspirado a grandes atos criativos através desta nobre paixão de amor.

UMA VIÚVA USOU ESTA MEDITAÇÃO PARA DEDICAR-SE A TRABALHO SOCIAL

Uma viúva de 55 anos vivia presa de amargura quando a conheci. Vestia luto perpétuo por seu marido. Não sabia o que fazer ou para onde ir. Uma amiga trouxe-a a uma de minhas palestras, na qual eu contei como uma pessoa podia sublimar amor no reino espiritual de ação. Ela me disse mais tarde que não queria casar-se de novo, mas desejava ter alguma espécie de atividade criativa. Dei-lhe esta meditação para usar, e depois de duas semanas ela voltou e contou-me que a resposta chegara através de meditação. Fora guiada para trabalho social com crianças desprivilegiadas. Nunca tivera filhos e estava faminta de amor. Sublimar suas emoções de amor nesse trabalho deu à mulher grande felicidade e talvez um dia ela deixe de prantear o marido e encontre um homem que possa amar e desposar.

2. O segundo Chakra está localizado na região umbelical, na área do estômago. Esta seção governa o corpo físico e material, com seu apetite por comida e conversão da comida em energia mental e idéias criativas.

Quando este Chakra mantém o homem preso à terra, escravo de seu desejo por comida, o homem se torna glutão e sofre toda espécie de efeitos negativos.

O propósito da presente meditação é elevar este Chakra a seu equivalente mental e espiritual, fazendo o homem ascender acima do reino de animalismo e apetites físicos.

Para abrir este segundo Chakra, sente-se em quieta meditação e dirija os pensamentos para a região do estômago. Perceba o verdadeiro propósito e função desta área vital. Ela serve para sustentar o homem fisicamente e dar-lhe poder de permanecer sadio e forte, de modo a ser capaz de desempenhar sua função vital.

Visualize a sagrada flor de lótus e atribua cinco pétalas a este Chakra, com a cor alaranjada. As cinco pétalas que você abrirá neste Chakra são: Vida, Vitalidade, Crescimento, Juventude, Criatividade.

Medite o seguinte para abertura deste segundo Chakra:

Eu agora abro o segundo Chakra de consciência. Estou em harmonia com a força da vida. Meus apetites estão agora sob controle de minha mente superior. Transmuto força física e energia em uma corrente de juventude e vitalidade que me fazem atingir perfeitamente minha meta na vida. Eu cresço e evoluo mental, física e espiritualmente. Agora converto esta força física em criatividade para modelar o destino de minha vida. Libero minha energia física em idéias criativas de beleza, bondade construtiva e perfeição cósmica.

3. O terceiro Chakra sagrado está localizado no plexo solar ou no que é conhecido como diafragma. Localiza-se um pouco acima da área do estômago e controla a função vital de respiração e prana da vida.

Para abrir este Chakra atribua a ele quatro pétalas da flor de lótus e a cor verde. As quatro pétalas em cuja abertura você meditará agora são: Energia, Fé, Alegria e Esperança. Como esta área controla o prana da vida ou respiração, enquanto medita, aspire o ar contando até quatro, prenda a respiração, conte até quatro e solte-a, com um profundo suspiro. Depois medite o seguinte:

Eu agora inalo a força vital prânica através de minha respiração. Sopro é vida e eu agora expresso energia que flui para todas as células de meu cérebro e corpo, tornando-me cônscio de poder. Tenho fé no princípio criativo que me deu vida e expresso essa fé diariamente em minha vida. Estou alegre com a chama de vida e torno-me impregnado pelo espírito criativo de alegria. Eu agora expresso esperança no futuro e estou otimista e radiante, no conhecimento de que me encontro afinado com o espírito criativo do universo.

COMO UMA MULHER REJEITADA PELO MARIDO RENOVOU SUA VIDA

Uma mulher que perdera seu propósito na vida, ao perder para outra mulher o marido que amava, procurou-me extremamente deprimida. Anunciou que para ela a vida acabara. Estava emocionalmente perturbada e chegava a pensar em suicídio.

Recomendei-lhe esta meditação para abertura do terceiro Chakra, e uma semana depois ela voltou a meu escritório, cheia de ilimitada energia e esperança no futuro. Realizou a meditação três vezes por dia, com a respiração. Meditou nas quatro pétalas do lótus, Energia, Fé, Alegria e Esperança, e pela primeira vez em semanas sentiu-se maravilhosa. Aceitou o convite de um conhecido para ir a uma festa e dançou até meia-noite. Na vez seguinte em que a vi, ela me disse: "Aquela meditação acendeu uma nova faísca em meu coração e minha alma. Posso ver meu caminho desimpedido para amar de novo um homem e mais uma vez ser alegre!"

4. O quarto Chakra sagrado está localizado na área do coração e é conhecido como a roda do coração. A ele atribua a cor vermelho vivo e abra seis pétalas do Lótus: Amor, Lealdade, Sinceridade, Otimismo, Caridade e Perdão.

Para abrir este Chakra sagrado sente-se em meditação e diga ou pense o seguinte:

Agora dirijo a força vital prânica para a roda do coração. Este é o centro de minha energia e força vitais. Vivo, respiro e irradio a força vital para todas as pessoas que conheço. Expresso a divina emoção de amor. Abro as pétalas do lótus sagrado e revelo a jóia no coração do lótus. Adoto a qualidade de lealdade e sinceridade. Sou caridoso e clemente em minha atitude para com os outros. Fico otimista e alegre quando olho para meu futuro, sabendo que a divina emoção de amor controla e regula todas as funções de minha vida. Estou pacífico e sereno no meio dos problemas da vida.

COMO UM HOMEM COM DISTÚRBIO CARDÍACO USOU ESTA MEDITAÇÃO PARA RECUPERAR A SAÚDE

Conheci um homem de 58 anos que já sofrera dois ataques cardíacos. Sua pressão arterial estava perigosamente alta. Era muito nervoso e irritável, mal conseguindo permanecer sentado à sua mesa o dia todo. Perdia a calma rapidamente e tinha acessos de raiva. Quando o conheci, suas faces eram vermelhas, a respiração saía em sopros curtos e os olhos tinham expressão selvagem e atemorizada.

Eu sabia que esse homem estava sofrendo da moderna doença que aflige milhões de cidadãos nos Estados Unidos. Medo, ansiedade e pressão mental estão anualmente cobrando seu tributo de centenas de milhares de pessoas que morrem desnecessariamente de distúrbio cardíaco e doenças correlatas.

Ele freqüentou minhas palestras e lições durante dois meses e ficou conhecendo os milagres que médicos estavam realizando em laboratórios com a nova terapia de onda cerebral Alfa, na qual colocam os pacientes em profundos estados de meditação.

Esse homem trabalhou especialmente com o quarto Chakra, controlando a roda do coração. Disse religiosamente a meditação várias vezes por dia e começou a visualizar o coração batendo normalmente, enquanto abria e fechava o punho na contagem de setenta e duas batidas por minuto, simulando a ação do coração. Logo foi capaz de reduzir ao normal a ação do coração, e a pressão arterial baixou quase ao normal.

Três meses depois ninguém acreditava ser esse o mesmo homem que me procurara em desespero, à beira da morte! Tornou-se calmo e pacífico. Suas faces não estavam mais vermelhas, haviam adquirido uma cor sadia normal. Contudo, os maiores resultados foram observados por seu médico quando fez um eletrocardiograma. O médico mal podia acreditar no milagre que estava testemunhando: a ação do coração do homem era normal e não havia o mais ligeiro indício de que já sofrera ataque cardíaco! Na verdade, ele conseguira um milagre!

5. O quinto Chakra sagrado está localizado na base da área da garganta. A esta meditação atribua a cor amarela do sol e abra as cinco seguintes pétalas da Flor de Lótus: Poder, Dignidade, Orgulho, Honestidade e ação dinâmica.

Sendo o meio de ligação entre o cérebro e o corpo, a garganta é uma área vitalmente importante. Nela fica a entrada dos pulmões, assim como de todos os órgãos vitais. Este Chakra tem repercussões em todo o corpo. A fala é formada nesta área por meio das cordas vocais. A mais nobre expressão de pensamentos elevados do homem ocorre através de palavras, formadas nas vias que ligam os pulmões aos lábios.

Medite o seguinte, enquanto visualiza a abertura das cinco pétalas do lótus:

> *Eu agora abro o quinto Chakra sagrado, que é o portal do poder mental e físico. Projeto agora este poder ao meu cérebro, mandando sua luz dourada aos centros criativos de minha consciência. Percebo o poder mágico das palavras com seu domínio sobre as forças da vida. Agora expresso orgulho e dignidade em meu evoluído estado de consciência, que me diferencia dos animais inferiores. Elevo-me às alturas da percepção espiritual e pratico a virtude de honestidade e verdade, enquanto mando a força vital prânica a esta área. Ação dinâmica, mental e física, é agora liberada, fazendo com que minha vida seja dirigida para canais de produtividade e beleza.*

FAMOSA CANTORA LÍRICA USA ESTA MEDITAÇÃO

Uma cantora lírica muito famosa, que conheci em um concerto no Carnegie Hall há alguns anos, contou-me que tinha certa dificuldade para emitir suas notas altas. Tinha uns 40 anos de idade e temia que o tempo estivesse cobrando o tributo de sua magnífica voz. Descobri que sua tensão, causada pelo medo, fazia com que as cordas vocais ficassem retesadas. Recomendei-lhe que usasse esta meditação sobre o quinto Chakra para livrar a garganta de tensão. Ela passou a praticar a meditação durante quinze minutos antes de entrar no palco. Conseguiu resultados milagrosos e continuou cantando por muito mais tempo do que poderia fazer se não tivesse praticado este Chakra.

Dei esta meditação a atores, ministros, padres e vendedores, que precisavam falar o dia inteiro. Vi professoras, que precisavam falar várias horas por dia, livrarem-se repentinamente de tensão por meio desta meditação e nunca mais se cansarem de seu trabalho. É uma meditação muito valiosa e tem numerosas outras repercussões, que afetam profundamente os centros criativos superiores de consciência.

6. O sexto Chakra sagrado está localizado na área entre os olhos. Atribua a este Chakra a cor astral de malva ou orquídea e as seguintes cinco pétalas do Lótus: Beleza, Amizade, Generosidade, Felicidade e Resplendor.

Esta área é conhecida na filosofia mística como o terceiro olho, onde pode ser despertada a visão psíquica. Na meditação, procure visualizar este terceiro olho na parte fronteira do cérebro e pense o seguinte:

> *Eu agora abro o terceiro olho de visão psíquica e astral, e projeto a força vital prânica para meus olhos e região da cabeça. Agora vejo com o olho interior e percebo a verdadeira realidade espiritual de toda vida. Medito sobre beleza, e minha vida se torna bela. Abro a pétala de amizade e atraio amigos e pessoas amadas, que partilham comigo suas coisas boas. Torno-me generoso e faço bem a outros, recebendo bênção de todos aqueles com os quais me encontro. Resplandeço de felicidade e fulgor, e magnetizo os centros de minha consciência de modo a atrair apenas experiências felizes e maravilhosas.*

COMO UMA INTROVERTIDA SE TORNOU SOCIALMENTE POPULAR POR MEIO DE MEDITAÇÃO

Uma moça de 19 anos era extremamente acanhada e retraída. Tivera uma adolescência dolorosa, na qual se apaixonara por um rapaz que a ignorava. Tinha medo de sair com rapazes, porque se sentia desajeitada e constrangida quando dançava e imaginava que todo o mundo olhava para ela e ria de sua falta de jeito.

A mãe levou-a a uma série de aulas que eu estava ministrando sobre Meditação, em Nova York. Ela ficou conhecendo a abertura dos sete Chakras, especialmente o sexto, e começou a praticar a meditação, projetando as cinco qualidades do Lótus: Beleza, Amizade, Generosidade, Felicidade e Resplendor. Em duas semanas, essa moça mudou toda a sua atitude diante da vida. À medida que mudava, as pessoas reagiam diferentemente em relação a ela, e logo estava saindo regularmente com rapazes e gozando de uma nova e maravilhosa vida social.

7. O sétimo Chakra sagrado localiza-se no cocuruto da cabeça e é conhecido como Chakra do Cocuruto. A cor para este Chakra é dourado, e as cinco pétalas do lótus a serem abertas em meditação são: Aspiração, Inspiração, Idealização, Percepção Cósmica e Elevação da Alma.

Agora projeto minha concentração para o chakra do cocuruto, onde residem todos os poderes de minha mente e espírito. Respiro fundo e projeto a dourada força vital prânica por minha coluna vertebral acima, até a base de minha cabeça, onde ela jorra como uma dourada fonte de luz, iluminando-me a mente, a imaginação, a memória, os centros psíquicos, todos os quais estão agora se abrindo e soltando suas forças espirituais para minha orientação.

Agora medito em aspiração e mentalmente subo ao cume da montanha espiritual onde minha consciência se expande para abranger o cosmo inteiro. Respiro fundo e, quando inspiro o prana da vida, sou elevado nas asas de inspiração até as mais altas idéias que o homem pode alcançar. Idealizo toda a minha experiência de vida, esforçando-me para elevar, enobrecer, dignificar e embelezar todo pensamento e experiência em minha vida. Atinjo um estado de percepção cósmica e estou unido a infinita inteligência, infinita beleza, infinita bondade, infinita alegria e infinito amor.

Agora minha alma alcançou seu zênite de elevação mística, e eu estou muito unido à mente cósmica. Estou em harmonia com todas as forças espirituais superiores da vida e entrei pela Porta Dourada de Brama em uma fusão com a Luz. A Luz é Tudo.

RESUMO DO CAPÍTULO 10

1. Como a abertura dos sete Chakras sagrados por meio de meditação pode dar-lhe espantosos poderes da mente e alma.
2. Como uma mulher presa à terra sofria dor e angústia, mas aprendeu a elevar-se acima de seus problemas por meio de meditação sobre os sete Chakras.
3. Como abrir o primeiro Chakra e usá-lo para vencer o animalismo, a luxúria e a energia sexual mal aplicada.
4. Um jovem de 22 anos usou mal esse poder sexual e envolveu-se com duas moças, o que lhe trouxe miséria e culpa.
5. Uma viúva de 55 anos sentia-se infeliz pela perda do marido, até quando aprendeu a abrir o primeiro Chakra. Então foi orientada para dedicar-se a trabalho social, onde encontrou felicidade.
6. O segundo Chakra que governa os apetites e o impulso de fome, e como elevar isso para uma esfera criativa de ação, que impede a pessoa de tornar-se glutona e animalística.
7. Como abrir o terceiro Chakra, que controla a função vital de respiração e prana da vida, e elevar esta área a ação criativa, energia, fé, alegria e esperança.
8. Como uma mulher usou este Chakra para construir uma vida nova e amar de novo, quando se sentia desesperadamente solitária.
9. O quarto Chakra sagrado, a roda do coração, onde estão centralizadas todas as emoções, e como controlar o coração, a pressão arterial e as funções vitais do corpo a fim de obter paz, saúde e felicidade.
10. Um homem de 58 anos com grave doença cardíaca usou esta meditação para superar sua condição. Os médicos declararam que sua cura foi um verdadeiro milagre.

11. Como abrir o quinto Chakra, na região da garganta, e líberar poder, dignidade, orgulho, honestidade e ação dinâmica.

12. Uma famosa cantora lírica usou esta meditação aos 40 anos e venceu a tensão em suas cordas vocais, continuando sua carreira por muitos anos.

13. Como abrir o sexto Chakra, locolizado entre os olhos, e liberar as qualidades de beleza, amizade, generosidade, felicidade e resplendor em sua personalidade.

14. Uma moça de 19 anos era introvertida e infeliz, até quando aprendeu a abrir este Chakra e liberar essas qualidades. Logo começou a sair com rapazes e mudou sua personalidade.

15. O sétimo Chakra sagrado, no cocuruto da cabeça, e, como abrir as cinco pétalas de lótus para trazer-lhe Aspiração, Idealização, Percepção Cósmica e Elevação da Alma, no estado de Nirvana ou fusão com a Luz.

COMO CRIAR A DOURADA AURA DE ATRAÇÃO MAGNÉTICA PARA ALCANÇAR UM GRANDE DESTINO

11

Existe no universo invisível um poder magnético, que se pode usar através de meditação transcendental, cercando-se de uma aura dourada que literalmente se transforma em ímã. Quando essa aura dourada é carregada com poder místico dinâmico, você se torna capaz de magnetizar e atrair a fama, amigos, fortuna e emocionantes experiências da vida.

Você já observou algumas pessoas para as quais o destino parece sorrir? São encantadoras e atraentes para todo o mundo. Têm legiões de amigos. São convidadas para todo lugar e parecem fazer tudo com grande desembaraço. Essas pessoas parecem tornar-se famosas sem esforço. Ficam ricas, porque são queridas da sorte, e todos desejam fazer alguma coisa por elas. Olhamos para tais pessoas e dizemos: "Elas nasceram sob boa estrela!"

Durante muitos anos, quando eu era conhecido como conselheiro de Astros de Hollywood, usei este princípio magnético, que chamo Círculo Mágico, para transformar em astros, motoristas de caminhão, ascensoristas e vendedores. Presenciei o milagre de transformação que ocorreu quando coloquei esses intérpretes desconhecidos em estados de meditação e os ajudei a criar a aura dourada de atração magnética.

Alguns dos grandes astros e estrelas que têm essa aura de círculo mágico e que conservaram sua fama e aparência juvenil através dos anos são: Bette Davies, Gloria Swanson, Joan Crawford, Susan Hayward, Jimmy Durante, Bob Hope, Lucille Ball, Elizabeth Taylor e muitos outros aos quais dei a aura dourada de atração magnética quando eram jovens. Fotografias que tirei com esses e com centenas de outros astros mostram-nos aos vinte e poucos anos, quando eu lhes dei esse inapreciável segredo místico. Eles nunca perderam através dos anos seu encanto, magnetismo e capacidade de ganhar dinheiro.

PROVA CIENTÍFICA DE UMA MISTERIOSA PROPRIEDADE MAGNÉTICA

Agora há prova científica de que existe uma misteriosa propriedade magnética que amarra juntas todas as coisas no universo.

Este campo magnético de atração é o que sustenta nossa terra no espaço, fazendo-a girar ao redor do sol. A lua é atraída para a órbita magnética da terra e gira em sua aura mágica, presa pelo magnetismo da terra.

Você possui dentro de seu cérebro e seu corpo esse mesmo magnetismo invisível e misterioso. Quando tem esse poder magnético fortemente, você atrai para sua órbita de experiências da vida todas as experiências boas, ricas e afortunadas que guarda em sua consciência. Você pode criar esse círculo mágico de magnetismo e torná-lo mais forte, por meio de um regime de meditação, respiração e pensamentos positivos. No presente capítulo, exploraremos inteiramente este método e aprenderemos como usá-lo para magnetizar sua aura e torná-lo encantador, magnético e atraente.

O CICLO DE ONDA CEREBRAL CONHECIDO COMO BETA

No laboratório científico, usando a máquina de onda cerebral, descobriu-se que o estado de meditação que produz essa aura magnética no corpo e cérebro é conhecida como Beta. Ocorre quando as ondas cerebrais são aceleradas para catorze a vinte e oito ciclos por segundo. Este estado Beta é mais rápido do que Alfa, que tem de oito a doze ciclos por segundo, e também muito mais rápido do que Teta, que tem de quatro a sete ciclos por segundo. Contudo, é mais lento do que Delta, que tem de vinte e oito a trinta e cinco ciclos por segundo.

Para colocar suas ondas cerebrais nesse ritmo e produzir seu campo magnético de atração, você precisa entrar diariamente em meditação e criar efetivamente a aura dourada em volta de seu corpo. Este processo de exercício diário magnetiza sua mente e seu corpo, fazendo de você um ímã que atrai para sua aura tudo quanto põe em sua consciência.

COMO CRIAR A AURA DOURADA DE ATRAÇÃO MAGNÉTICA PARA ALCANÇAR UM GRANDE DESTINO

1. Quando você entra em meditação para criar o estado Beta, é necessário que medite naquelas coisas que realmente estimulam seus centros cerebrais e aceleram o ritmo do cérebro. Guardados dentro das convoluções de seu cérebro existem vastos fundos de magnetismo, que jazem latentes, aguardando sua ordem para entrar em ação.

Quando tem ação criativa em seus centros cerebrais e se desperta para tremenda atividade mental, você está criando magnetismo.

AS CINCO MEDITAÇÕES QUE DESPERTAM MAGNETISMO

A. *Desejo.* Quando você desperta a mente por meio da emoção de desejo, descarrega-se tremendo magnetismo que inunda seus centros cerebrais e flui para o corpo, expressando-se como ação criativa. Por impulsos magnéticos e elétricos de seu cérebro para seus nervos e músculos, você será levado em direção àquilo que deseja.

Deseje sucesso e magnetize-o, entrando em meditação durante cinco minutos, da seguinte maneira: "Agora magnetizo o elemento de sucesso e desperto meus centros cerebrais com o pensamento de que me tornarei um grande sucesso. Desejo ser famoso, conhecido, popular e procurado pelos outros. Agora projeto magnetismo em minha personalidade e me torno como um ímã, atraindo sucesso em todos os planos."

Um moço magnetizou seus centros cerebrais com a idéia criativa e desejo de tornar-se famoso jogador de beisebol. Trabalhava para mim como indicador de lugares em minhas conferências na Califórnia e acreditava que poderia conseguir o que concebesse, como freqüentemente me ouvia dizer em palestras e aulas. Começou a fazer meditações diárias até o desejo alcançar um auge tão febril que atraiu um homem importante em um dos clubes de beisebol da Costa. Graças a esse contato, o jovem recebeu treinamento e, como era naturalmente inclinado para atletismo, em seis meses conquistou a posição de primeiro "baseman" em uma das ligas menores. Um ano depois, houve uma oportunidade em uma das grandes ligas, e esse moço tornou-se um de seus mais cotados jogadores!

B. Elevado propósito ou motivação. Magnetismo é criado em seus centros cerebrais quando você tem um elevado propósito na vida. É o que se chama motivação. Quando é impelido para uma meta por alguma razão específica, você gera mais magnetismo ou poder de atração em sua aura. Existem duas forças na gravidade, que é a atração magnética entre a terra e os outros planetas: uma é a força conhecida como atração, a outra é repulsão. Quando põe em sua aura mais magnetismo positivo e menos negativo, você se torna atraente e magnético.

Se você tem desejo só de dinheiro, pode atrair dinheiro, mas tenderá a perder outros valores na vida.

Tenha desejo de ajudar os outros; de partilhar com eles seus bens. Deseje ganhar uma fortuna, para poder proporcionar benefícios à sua família. Quando você desejar sucesso e dinheiro para elevar os padrões do mundo, ser-lhe-á dada mais atração magnética para alcançar sua elevada meta. Os grandes gênios da história tiveram este tipo de motivação altruística para incentivá-los a grandes realizações.

UMA MULHER EDUCOU TRÊS FILHOS POR MEIO DESTE PODER

Uma mulher cujo marido morrera em acidente tinha três filhos e nenhum dinheiro para sustentá-los. Havia estudado algumas de minhas palestras sobre meditação e aprendido como ter um motivo-mestre em sua vida. Sabia que o futuro de seus três filhos era importantíssimo para ela e estabeleceu isso como sua motivação para ação futura. Diariamente, entrava no estado Beta de meditação e fazia para si própria a seguinte declaração:

Agora peço orientação superior para meu destino futuro. Desejo ajudar meus filhos a adquirir educação, para que possam alcançar suas metas na vida. Desejo ser útil ao mundo e ajudar a elevar seus padrões a uma perfeição maior.

Na segunda semana de suas meditações, sentiu que ia acontecer logo alguma coisa capaz de resolver seu problema. Foi ao escritório de um advogado cuidar da questão da herança do marido, que deixara uma apólice de seguro de alguns milhares de dólares e alguns bens pessoais, nomeando a esposa testamenteira. Quando recebeu os cinco mil dólares do seguro, o advogado perguntou-lhe em que ia investir o dinheiro. Ela respondeu que não sabia, pois não tinha a menor experiência em investimentos. O advogado disse-lhe que fora procurado por dois homens, que tinham dez mil dólares e precisavam de mais cinco mil dólares, para instalar uma oficina de impressão *offset*. Sugeriu que ela entrasse nesse empreendimento. A mulher entrou como sócia da empresa, em igualdade de condições com os outros, e passava os dias na oficina enquanto os filhos estavam na escola. A oficina tornou-se um tremendo sucesso, a tal ponto que em poucos meses ela obteve de volta o investimento original e passou a receber um terço dos lucros!

COMO MEDITAR EM UM ELEVADO MOTIVO-MESTRE

Quando você entra em meditação, tenha alguma coisa específica que deseje realizar, como ganhar dinheiro para pagar certas dívidas ou a hipoteca de sua casa; educar os filhos, comprar um negócio a fim de ter segurança financeira. Depois, quando se senta em quietude, acelere as ondas cerebrais até o estado de Beta de catorze a vinte e oito ciclos por segundo. Isto se faz excitando os centros cerebrais com alguma informação nova e excitante ou forçando a imaginação a entrar em serviço e visualizando as coisas que se deseja realizar.

Pense ou diga a você mesmo a seguinte meditação:

Agora magnetizo os centros de minha consciência com pensamentos de grande sucesso. Contemplo o futuro com alegria e expectativa do meu bem. Desejo atrair dinheiro para alcançar minha meta na vida. Desejo ajudar minha família a ter um padrão de vida melhor. Eu me visualizo em meu próprio negócio. Vejo-me ganhando dinheiro e gastando-o para melhorar a vida de minha família. Agora projeto o magnetismo criativo para atingir o grande destino que desejo.

C. Entusiasmo. A emoção de entusiasmo é extremamente boa para estimulação magnética dos centros mentais superiores. Cada dia, antes de iniciar sua atividade cotidiana, magnetize sua mente com essa poderosa emoção. O entusiasmo de uma criança pela vida é o que lhe dá tanta energia criativa. A energia do açúcar em seu sangue aumenta quando você entra neste estado de meditação que desperta entusiasmo pela vida. Energia flui para as células de seu cérebro e seu corpo, e magnetismo é descarregado quando você medita da seguinte maneira:

> *Agora descarrego em minha aura a qualidade magnética de entusiasmo. Emociono-me com a alegria de viver. Percebo o propósito místico por trás de minha existência. Agora peço orientação superior para meu verdadeiro destino. Estou alegre e na expectativa de meu bem. Partilho meu entusiasmo com todas as pessoas que encontro.*

Diga isto cinco ou dez vezes antes de iniciar a atividade de cada dia e leve consigo o dia inteiro esta aura de entusiasmo magnético.

Um moço usou esta meditação diariamente durante uma semana, quando se candidatava a um emprego de executivo júnior em uma empresa industrial. Enfrentou a competição de dez outros jovens, com diplomas colegiais e tão apresentáveis e capazes quanto ele. Foi escolhido entre os outros. Mais tarde, perguntou ao diretor de pessoal por que o escolhera e o homem respondeu: "Você estava tão alegre e otimista. Admirei seu entusiasmo juvenil pelo emprego e percebi que, se levasse essa qualidade a seu trabalho, você seria o melhor homem para nossa empresa."

D. Imaginação. A fim de criar uma aura magnética e atrair para sua experiência acontecimentos grandes e incomuns, você precisa utilizar o dom da imaginação.

Medite diariamente em descarregar essa qualidade. Entre em seu período de meditação e mantenha na mente dois diferentes estados de consciência. Visualize alguma coisa feia e desagradável. Este é um quadro negativo, que provoca um curto-circuito em seu magnetismo mental e físico. Em seguida visualize alguma coisa bela e inspiradora. Isto cria uma carga magnética positiva nas baterias de sua mente.

Depois ponha esta meditação em ação dizendo ou pensando:

> *Agora uso a lei de transmutação espiritual para transformar o que é feio no que é belo. Estou cheio do conceito de beleza e reflito o magnetismo de imaginação criativa em minha personalidade, minha voz, minha expressão facial e minha atmosfera.*

Depois, durante cinco minutos, medite nas coisas mais belas de que possa lembrar-se: uma cena de pôr-do-sol ou nascer do sol; a grandeza de uma cordilheira de montanhas cobertas por um manto de neve; a mais bela primavera de que consiga lembrar-se, com flores multicores e árvores verdejantes em um vale pacífico. Mentalmente permaneça à beira-mar e olhe para o flamejante céu do oeste, com seu colorido dourado e carmesim refletindo-se no mar tranqüilo, e deixe que esta lembrança tinja de beleza sua imaginação.

Quando cria um conceito interior das maiores e mais belas experiências de sua vida, você magnetiza seus centros mentais com essas forças e depois atrai para você mesmo experiências de vida que imagina.

COMO UMA MULHER VISUALIZOU UMA CASA NA FLÓRIDA

Uma mulher que freqüentava nossas palestras em Nova York sentia-se cansada dos frios invernos que suportara durante anos. Começou a meditar em palmeiras, sol dourado permanente e um Shangri-la de eterna beleza e paz. Continuou a meditação e visualização durante três meses, empregando apenas cinco minutos por dia para projetar seu conceito idealista do lugar onde desejava viver.

Ao fim daquele tempo, o marido foi transferido por sua empresa para Fort Lauderdale, na Flórida, onde ela se viu vivendo em uma pequena casa de estuque, voltada para o mar, em um espetáculo de flores e vegetação tropicais, exatamente como imaginara em seus períodos de meditação diária.

E. Intensidade emocional. Você poderá criar uma aura magnética e atraente, se meditar alguns momentos por dia sobre intensidade emocional. Assim como um violino emite bela música quando bem afinado, quando a psique humana está afinada com as emoções positivas de alegria, paz, caridade, perdão, bondade, verdade e amor, os sutis comprimentos de onda que são postos em ação no cérebro refletem na aura magnetismo, encanto e poder.

De todas as emoções humanas que dão intensidade à aura, Amor é, talvez, a mais magnética e poderosa. É por isso que um dos místicos mais magnéticos de todos os tempos disse: "Um novo mandamento eu vos dou: amai-vos uns aos outros." Esta ordem magnética põe em ação na aura humana vibrações magnéticas que exterminam todo ódio, suspeita e hostilidade.

Em meditação diária faça correr através do ímã de sua mente todas as emoções positivas e magnéticas, da seguinte maneira:

> *Eu medito em alegria e irradio em minha aura emoções de amizade e boa disposição para toda a humanidade.*
>
> *Magnetizo meus centros mentais com a emoção de paz. Vivo em paz com o mundo inteiro e irradio serenidade e alegria para toda pessoa com quem me encontro.*
>
> *Concentro meus pensamentos em ser caridoso e bondoso. Partilho meu bem com outros e sou abençoado com abundância.*
>
> *Magnetizo meus centros mentais com simpatia, compreensão e perdão em relação aos outros. Sou tolerante em relação às fraquezas dos outros e os perdôo por suas palavras e atos sem bondade.*
>
> *Estou cercado pela aura magnética de bondade. Eu só atraio experiências boas e belas em minha vida.*
>
> *Irradio o magnetismo da verdade. Sou verdadeiro comigo mesmo e modelo meu destino pelos mais elevados ideais de verdade, honestidade e moralidade.*

Medito nos diferentes aspectos do amor e passo a amar todas as pessoas e ser amado por todas elas. Amo a Deus e agora sirvo a Ele e à humanidade em amoroso serviço e com alegria.

Sir Francis Chichester navegou à volta do mundo no *Gypsy Moth*, e o mundo inteiro maravilhou-se com a coragem desse homem, de quase setenta anos de idade, que ousou fazer sozinho o que a maioria dos homens de metade de sua idade nunca poderia ter feito. Mais tarde, quando, em um programa de televisão transmitido em cadeia nacional lhe perguntaram qual era sua filosofia da vida, Sir Francis respondeu: "Viver a vida com intensidade intensifica a vida." Este homem, que posteriormente foi agraciado pela Rainha com o título de cavaleiro, incluiu nessa declaração um dos maiores segredos de vida e magnetismo.

Seus centros cerebrais adquirem vida com ação magnética que se irradia em sua personalidade e o leva a fazer grandes coisas, quando você introduz nas convoluções do cérebro a intensidade emocional de grandes e corajosos pensamentos, de ousadas e inspiradas ações, de elevados e nobres ideais; e, quando expressa isso diariamente em sua vida, você realiza um destino verdadeiramente grande.

RESUMO DO CAPÍTULO 11

1. Como magnetizar à sua volta uma aura dourada de boa sorte, encanto e atração, que atua como ímã, proporcionando-lhe fama, fortuna, amigos e riquezas.
2. Alguns dos grandes astros e estrelas de Hollywood que usaram meu sistema de meditação do dourado círculo mágico e conseguiram extraordinário sucesso através dos anos.
3. Como criar o ciclo de onda cerebral chamado Beta pelos cientistas, que faz você adquirir grandes quantidades de magnetismo e lhe dá a dourada aura de sucesso e grandeza.

4. A primeira meditação para despertar magnetismo dentro de seu cérebro e descarregá-lo em sua aura é a Emoção de Desejo.

5. Como um moço magnetizou seus centros cerebrais com idéias criativas que fizeram dele famoso jogador de beisebol.

6. Como usar a grande motivação de propósito elevado para alcançar um grande destino e criar a qualidade de atração magnética em sua aura.

7. Uma mulher, que enviuvou ainda moça, foi capaz de meditar na conquista de sucesso através deste método e construiu uma fortuna que a ajudou a educar os filhos e dar-lhes segurança.

8. Como meditar sobre um elevado motivo-mestre e excitar seus centros cerebrais para ação criativa e inspiradora.

9. Como usar a emoção incentivadora de entusiasmo a fim de descarregar energia magnética em sua aura e construir um futuro brilhante.

10. Como um moço foi capaz de conquistar um emprego vencendo dez competidores, porque tinha uma aura de boa disposição e otimismo, que adquirira meditando diariamente nessas qualidades.

11. Como o poder de imaginação vívida ajuda a modelar seu destino e cria as condições que você imagina dentro de sua mente.

12. Uma mulher usou esta meditação a fim de criar para si própria um paraíso tropical, quando não podia mais suportar os frios invernos de Nova York.

13. Como criar a dourada aura de magnetismo através de intensidade emocional e das emoções positivas de alegria, paz, caridade, perdão, bondade, verdade e amor, que são as emoções mais magnéticas para se usar em meditação diária.

OS DEZ ESTÁGIOS POSITIVOS DE MEDITAÇÃO QUE PODEM FAZER MILAGRES EM SUA VIDA

12

Por meio de meditação transcendental você pode literalmente tornar-se um fazedor de milagres. Milagre é uma coisa realizada através da descarga de poderes supernormais. Seus centros superiores de consciência irradiam tremendo poder criativo quando sua mente consciente é afastada do local de ação. Os iogues conseguiram esta suspensão da interferência da mente consciente retirando as percepções sensórias, por meio de meditação, o que era semelhante a auto-hipnose, e depois tornaram-se capazes de despertar quaisquer centros cerebrais de que precisassem para realizar o milagre que desejavam.

AS DEZ ÁREAS DE CONSCIÊNCIA QUE LHE DÃO PODERES MILAGROSOS

Existem dez áreas de consciência que você pode despertar por meio de meditação e que lhe dão o poder de fazer milagres. São elas:

1. Para retenção de memória e lembrança total.
2. Para concentração, visualização e imaginação.
3. Para resolver problemas através de racionalização.
4. Para atrair sucesso e segurança financeira.

5. Para libertar idéias criativas e inspiração.
6. Para cura física, juventude e vitalidade.
7. Para elevar a consciência a ação mental superior.
8. Para atrair sua alma gêmea em amor e casamento.
9. Para intuição e fenômenos psíquicos.
10. Para realização cósmica e integridade espiritual.

USE O SEGUINTE REGIME DE MEDITAÇÃO PARA DESPERTAR OS PODERES MILAGROSOS DA CONSCIÊNCIA

1. PARA RETENÇÃO DE MEMÓRIA E LEMBRANÇA TOTAL DO PASSADO

Entre no estado de meditação conhecido como Teta, no qual o cérebro descarrega seus poderes em um comprimento de onda lento, de quatro a sete ciclos por segundo.

Para reduzir suas ondas cerebrais a este ritmo, é necessário que você fixe sua atenção em uma coisa de cada vez. Retenção de memória só é possível quando você faz esforço para fixar uma imagem em sua mente, concentrando todos os poderes de sua mente no objeto ou fato que deseja lembrar.

Quando entra no estado Teta de meditação, feche os olhos e visualize uma tartaruga, com seus movimentos lentos e suas ações deliberadas. Ela nunca tem pressa, mas vagarosamente segue seu caminho. Agora, em constraste com a tartaruga, pense em um coelho, disparando rapidamente para um lado e para outro. O coelho pode ser comparado ao estado Alfa de meditação, no qual as ondas cerebrais são de doze a dezoito ciclos por segundo. Comprimento de onda assim rápido não se detém para fixar coisas na consciência, pois voa de um pensamento para outro sem pausa.

Para criar a onda cerebral de comprimento Teta, você pode também visualizar uma ampulheta com grãos de areia caindo um a um. Esta meditação retarda a corrente de consciência, tornando possível focalizar sua atenção em uma coisa de cada vez e reter sua imagem mental, antes de passar para outro pensamento.

UM EXECUTIVO COMERCIAL USOU ESTA TÉCNICA COM GRANDE SUCESSO

Um executivo comercial compareceu a minhas palestras na cidade de Nova York, queixando-se de que tinha memória muito ruim. Em seu trabalho precisava lembrar-se de numerosos fatos importantes, o que não conseguia fazer com facilidade.

Eu lhe mostrei como entrar no estado Teta de meditação e arquivar todos os dados que chegavam através de seus cinco sentidos, com esta meditação:

> *Agora concentro todas as faculdades de minha mente em uma coisa de cada vez. Observo o mundo que me cerca. Concentro-me na vista. Vejo uma coisa de cada vez e registro o que vejo.*
>
> *Concentro-me em ouvir. Ouço uma coisa de cada vez e percebo o que ouço. Agora guardo o que ouço em meu banco de memória para futura referência e recordação.*
>
> *Agora percebo meu sentido do tato e apalpo uma coisa de cada vez, registrando a sensação em minha mente superior.*
>
> *Agora percebo o paladar e concentro todos os poderes de minha mente naquilo que saboreio, lembrando e recordando aquilo que desejo fixar na consciência.*
>
> *Agora me concentro no sentido do olfato e retenho o que desejo lembrar.*

À medida que fixava cuidadosamente em seus centros de memória cada um de seus cinco sentidos, o homem tornou-se uma pessoa mais discriminativa em relação ao que acontecia no mundo à sua volta. Quando precisava lembrar um fato ou um nome, parava e fixava-o em seus centros de memória da mesma maneira. Em um mês, esse homem tornou-se um repositório de milhares de novos fatos, nomes e padrões de memória, que melhoraram sua eficiência e tornaram seu trabalho mais agradável.

PARA CONCENTRAÇÃO, VISUALIZAÇÃO E IMAGINAÇÃO

Este estado de memória é usado para construir os poderes de suas mentes consciente e subconsciente, de modo a poder resolver mais facilmente problemas, selecionar os acontecimentos de sua vida e libertar novos padrões criativos de imaginação em suas atividades cotidianas.

Para este tipo de meditação entre no estado Alfa de consciência, que é de oito a doze ciclos por segundo.

Sente-se quieto em meditação. Relaxe seu corpo e sua mente completamente, deixando afastar-se todas as preocupações, ansiedades e temores. Diga a você mesmo vezes e vezes: Paz, fique quieto. Fique quieto e saiba que eu sou Deus. Depois visualize mentalmente o lago espiritual, pacífico e imóvel, sem uma onda em sua superfície.

Agora você está preparado para entrar em sua meditação. Pense ou diga as seguintes palavras:

> *Agora estou em estado de absoluta calma e paz. Fixo meus pensamentos em minha mente. Percebo minha imaginação. Agora crio os novos padrões de acontecimentos que desejo em minha vida. Visualizo-me sendo vitorioso e próspero. Imagino o tipo de pessoa que desejo ser. Concentro todas as minhas faculdades em cultivar novos talentos para trabalho criativo. Descarrego poder mental para meus negócios cotidianos, resolvendo todos os problemas e adquirindo controle de minha mente, meus nervos, meu corpo e meu ambiente.*

COMO UMA ALUNA DE COLÉGIO APRENDEU A LEMBRAR

Uma aluna de colégio tinha dificuldade para concentrar-se no que os professores diziam. Além disso, quando lia alguma coisa, sua mente deslizava sobre as palavras, mas ela não era capaz de reter coisa alguma do que lia. Procurou-me profundamente perturbada, mas seu problema consistia em não saber focalizar seu poder mental naquilo que estava fazendo.

Encaminhei-a para o estado Teta de meditação, e ela praticou isso diariamente durante duas semanas. Voltou ao fim desse tempo radiante de alegria. Disse-me: "É espantoso. Agora eu leio e lembro tudo quanto leio." Logo começou a obter notas cada vez melhores em seu trabalho escolar.

COMO UM PUBLICITÁRIO OBTEVE NOVAS IDÉIAS

Um artista comercial, que fazia *layouts* de publicidade para jornais, trabalhava em uma das maiores lojas de departamentos de Nova York. Tinha em seu trabalho tanta escassez de idéias novas que começou a preocupar-se com a possibilidade de perder o emprego. Mostrei-lhe como entrar no estado Teta de meditação e abrir novos centros criativos de consciência. Ele obteve tremendo progresso na primeira semana e, depois de um mês, tantas idéias novas lhe vieram à mente que obteve promoção e aumento de salário!

PARA RESOLVER PROBLEMAS ATRAVÉS DE RACIONALIZAÇÃO

A fim de abrir centros de consciência para resolver problemas, você precisa entrar na meditação conhecida como estado Beta, no qual suas ondas cerebrais são aceleradas para catorze a vinte e oito ciclos por segundo.

Para entrar no estado Beta, respire fundo e intensifique sua respiração, expelindo o ar dinamicamente entre os lábios com um som como o put-put-put de uma lancha motorizada. Depois de ter feito essa respiração dinâmica dez ou quinze vezes, você experimentará uma sensação de plenitude em sua cabeça, e seu coração começará a bater um pouco mais depressa do que antes. Você estará então no estado Beta de meditação.

Mantenha esta meditação na consciência e diga ou pense as seguintes palavras:

> *Agora entro no estado Beta de meditação. Aumento a ação e percepção de minha mente. Agora invoco minhas faculdades superiores de raciocínio e racionalização para dar-me a solução dos seguintes problemas.*

Coloque então o problema no primeiro plano da consciência, detendo-se brevemente em seus diversos aspectos, sem emoção, mas fria e calmamente, como se fosse um problema de aritmética que estivesse procurando resolver.

COMO UMA MULHER VENDEU TERRAS DESERTAS E SEM VALOR POR UMA FORTUNA

Uma mulher que participava de meu grupo de palestras em Los Angeles contou-me como usou esta meditação para ajudar a resolver um problema preocupante.

Ela herdada ra mãe uma área de terra deserta e aparentemente sem valor nas proximidades de Los Angeles. Todo mundo achava que a mãe estava louca quando comprara as terras, mas ela as conservou confiantemente até sua morte.

A filha conservou as terras por muitos anos, embora numerosas vezes tivesse sido tentada a deixar de pagar os impostos, pois todos lhe diziam que a propriedade não tinha o menor valor. Não havia água no terreno, que não era bom para apascentar gado nem para qualquer outra coisa.

Quando essa mulher aprendeu a respeito de meditação, perguntou à sua mente superior o que devia fazer com as terras: tentar vendê-las ou conservá-las? Recebeu resposta para conservá-las.

Alguns meses depois, o governo anunciou planos para a construção de um sistema de irrigação naquela parte do deserto e ela vendeu as terras com um lucro de 100.000 dólares!

4 PARA ATRAIR SUCESSO E SEGURANÇA FINANCEIRA

Para esta forma de meditação, desenvolvi um estado de consciência que chamo estado Gama de meditação. Isto vai além dos quatro reinos conhecidos, que foram testados em laboratórios científicos e aos quais foram dadas as letras do alfabeto grego: Alfa, Teta, Beta e Delta. O estado Delta de meditação ocorre quando a pessoa está adormecida e as ondas cerebrais são rápidas, de vinte e oito a trinta e cinco ciclos por segundo.

O comprimento de onda Gama é semelhante ao Delta, só que ocorre quando a pessoa está plenamente desperta e consciente de tudo quanto faz. No estado Gama de meditação, você consegue um estado suspenso de consciência, no qual se torna semelhante a sonâmbulo.

Aprendi esta meditação na Índia com um famoso Guru, que tinha cento e vinte e cinco anos de idade e gozava de saúde notavelmente boa. Ele tinha todos os dentes e cabelos, sua vista era perfeita e sua percepção mental era muito viva. Parecia ter a vitalidade de um homem de quarenta anos.

Este Guru chamava o estado Gama de meditação de sonambulismo psíquico. Isto ocorre quando a pessoa entra em estado semelhante ao transe e suspende a consciência, deixando que uma mente superior assuma o controle. A pessoa parece entrar em estado de hibernação ou sono mental, com os olhos perfeitamente abertos.

Entre no estado Gama de meditação sentando-se quieto e olhando para um ponto acima do nível dos olhos na parede oposta. Mentalmente entre em um estado de fantasia de sonho e projete sua mente para um mundo de realidade espiritual, onde você sonha as coisas que deseja tenham existência.

Você cria os equivalentes mentais e espirituais das coisas que deseja e depois projeta esses padrões de sonho no protoplasma cósmico invisível que enche o cosmo, criando lá as marcas do que deseja que ocorra em sua vida.

Dentro de sua consciência você deve criar o sonho que um dia se revestirá da realidade objetiva e se transformará nas coisas em cuja existência você está sonhando através da meditação de sonambulismo psíquico.

Sonhos diurnos tornam-se realidade quando você aprende a descarregar o poder psíquico de criatividade através da seguinte meditação:

> *Eu agora entro no estado de sonambulismo psíquico, no qual sonho com os olhos completamente abertos. Crio o estado gama de meditação, no qual estou em êxtase espiritual, afinado com a mente cósmica que conhece todos os segredos e cria todas as coisas.*
>
> *Agora projeto o quadro psíquico da casa de meus sonhos, vendo-a em toda sua realidade. Vivo mentalmente naquela casa de sonhos, nela recebo meus amigos e caminho pelos seus aposentos. Vou ao jardim da casa de meus sonhos, colhendo flores fragrantes, e sento-me diante da lareira nas*

noites frias, partilhando a casa de meus sonhos com amigos e pessoas queridas.

Para tornar mais concreta a casa dos sonhos, antes de entrar em meditação, recorte gravuras de casas verdadeiras e escolha aquela em que deseja meditar. Ou selecione partes de casas e fotografias de móveis. Depois, em sonambulismo psíquico, ande pela casa; mobilie-a e receba pessoas nela, até tornar-se tão real a ponto de você conhecer a localização de cada aposento.

Depois medite em sua abundância material da seguinte maneira:

Agora medito em atrair o carro perfeito que desejo. Projeto um Chevrolet (ou medite em qualquer modelo ou marca de carro de sua preferência). Dirijo meu carro pelo campo. Projeto meus amigos e minha família comigo dentro dele. Faço-o existir em sonho e agora o reclamo como meu.

Agora projeto a soma de 5.000 dólares, que quero materializar para a compra de coisas que desejo, em luxo e abundância. Agora mentalmente deposito esse dinheiro no banco. Saio em uma orgia de compras mentais, selecionando o que desejo adquirir.

5. PARA LIBERTAR IDÉIAS CRIATIVAS E INSPIRAÇÃO

Você pode entrar em meditação e libertar idéias criativas e inspiração para qualquer propósito na vida.

Para esta meditação entre no estado Alfa e medite o seguinte:

Sou um centro criativo de grandes idéias. Agora exploro o veio oculto de ouro dentro de minha mente subconsciente e extraio idéias criativas para escrever histórias, compor músicas, pintar quadros, inventar objetos (aqui medite sobre o terreno específico em que você atua a fim de obter idéias criativas nesse terreno).

Um arquiteto, que veio de Atlanta para Hollywood, na Califórnia, realizou esta forma de meditação e recebeu inspiração para construir certo tipo de residência em estilo Regência Francesa, destinado a pessoas ricas, em Beverly Hills e Bel-Air. Graças a suas idéias criativas, ficou muito rico.

Um químico que assistiu a minhas palestras aprendeu a respeito de sonambulismo e, em meditação, recebeu idéias para cremes faciais e perfumes, que distribuiu através de cadeias de lojas de departamentos, tendo ganhado perto de meio milhão de dólares.

Um vendedor de imóveis começou a usar esta forma de meditação para aumentar as vendas e logo estava vendendo mais do que todos os seus colegas de escritório. Tem agora sua própria firma e é um dos mais bem sucedidos vendedores jovens de imóveis em sua região.

Você pode verdadeiramente descarregar poder milagroso quando usa esta forma de meditação.

Você pode expandir a meditação para ajustar-se a outros setores de atividades, da seguinte maneira:

> *Sou um canal de idéias criativas. Exploro a mente cósmica onde todos os grandes pensamentos estão guardados e canalizo para minha mente as idéias iluminadoras que grandes gênios usaram através dos séculos.*
>
> *Sou inspirado por idéias de beleza criativa e pelo desejo de modelar coisas de beleza para o bem do mundo.*

Conheço um ilustrador de contos infantis que usou esta meditação para criar beleza e logo conseguiu emprego em uma das grandes editoras de livros infantis, criando ilustrações de fantasia que encantaram as crianças.

PARA CURA FÍSICA, JUVENTUDE E VITALIDADE

Para conseguir cura física do corpo e descarregar energia juvenil e vitalidade para maior alegria de viver, entre na meditação conhecida como estado Alfa, que põe suas ondas cerebrais na escala de doze a dezoito ciclos por segundo.

Medite o seguinte, enquanto se coloca no estado de sonambulismo psíquico, no qual você projeta o sonho interior de saúde, juventude e vitalidade do reino subjetivo para o objetivo:

Projeto o sonho de corpo perfeito e sadio. Sei que sou criado à imagem e semelhança de Deus, por isso sei que tenho uma natureza espiritual. O espírito não pode ficar doente, envelhecer ou morrer. Agora crio o sonho da imortalidade de minha alma e me torno perfeito, sadio e eterno.

COMO UM HOMEM SE CUROU DE RESFRIADOS CRÔNICOS POR ESTE MÉTODO

Um homem sofria de resfriados crônicos que o faziam faltar ao serviço muitos dias por ano. Ele estava programado para acreditar que ia apanhar resfriado. No inverno, era devido ao frio severo. No verão, era por causa do calor. E em outras estações, eram os vírus ou bactérias que andavam pelo ar.

Quando alcalinizou seu sangue usando a meditação acima, livrou-se também para sempre dos resfriados. Entregou-se a meditações positivas em lugar das negativas e ficou curado.

7. PARA ELEVAR A CONSCIÊNCIA À AÇÃO MENTAL SUPERIOR

Você poderá criar poderes mentais superiores e obter literalmente um Q. I. superior, que o transformará em gênio, se meditar e tornar seu nível mental de inteligência só dez por cento a mais do que é atualmente.

Entre no estado Teta de meditação e pense ou diga as seguintes palavras, repetindo-as quantas vezes achar necessário:

Agora retardo o ritmo de meu cérebro e tenho perfeito controle de todas as minhas faculdades. Sou capaz de concentrar-me em uma coisa de cada vez. Desejo ação mental superior na qual minha mente funcione com mais eficiência e precisão. Agora sou um canal para a mente cósmica atuar através de mim. Minha mente superconsciente explora agora um estrato de conhecimento cósmico que foi aproveitado pelos gênios através da história. Desejo emular seus padrões de grandeza e conseguir extraordinário sucesso em meu trabalho.

Leve às suas sessões diárias de meditação alguns dos grandes pensamentos e inspiração de gênios que criaram obras magníficas e eleve-se em consciência enquanto lê os seus trabalhos, pensa seus pensamentos e tenta reproduzir sua beleza.

Este tipo de meditação sobre formas de pensamento de gênios pode estender-se à poesia, literatura, música, ciência, invenção, indústria, exploração, filosofia e religião.

Alguém disse: "Para ser um Voltaire pense como um Voltaire."

Medite sobre pensamentos de grandezas e riquezas, use exemplos específicos para emular e você elevará sua consciência à ação mental superior e se tornará um gênio criativo.

COMO UM ASCENSORISTA SE TORNOU PRÓSPERO HOMEM DE NEGÓCIOS

Dei esta meditação a uma de minhas classes e um moço literalmente a pôs em prática na semana seguinte. Era um ascensorista e disse-me diante da classe que estava limitado quanto a oportunidades e renda, mas desejava tornar-se alguma coisa diferente.

Desejava entrar no terreno de penteados de mulheres, onde pudesse expressar seu desejo interior de criar beleza para mulheres. Tinha o curso secundário, mas nunca conseguira subir acima do emprego que ocupava.

Em meditação, este moço começou a emular pensamentos de artistas criativos naquele setor. Meditou na vida de pessoas destacadas no terreno dos cosméticos, como Helen Rubinstein, Elizabeth Arden, Max Factor e Charles Revlon, dos produtos de beleza Revlon, até sentir-se tão entusiasmado que foi impelido por sua mente intuitiva a ingressar em um colégio de beleza que ministrava cursos noturnos. Trabalhava de dia em seu emprego e estudava à noite. Este jovem tornou-se um grande cabeleireiro depois de concluir seu curso e mais tarde conquistou todas as honrarias nacionais e internacionais importantes com seu trabalho criativo em estilos de penteado. Posteriormente, ensinou seu sistema a cabeleireiros adiantados e estava ganhando cinqüenta mil dólares por ano com suas viagens, demonstrações e ensino!

8. PARA ATRAIR SUA ALMA GÊMEA EM AMOR E CASAMENTO

Em assunto tão vitalmente importante quanto amor e casamento, você nunca deve deixar as coisas ao acaso. Sua mente consciente muitas vezes é confundida pelas aparências superficiais e você pode ser magneticamente atraído, por alguém, de maneira física, para descobrir depois do casamento que a fachada física se desfaz e não existe verdadeiro amor que mantenha o casal unido.

Meditação ajuda a clarear a consciência em coisas românticas e dar-lhe verdadeira visão do caráter e da qualidade da alma da pessoa que você deseja para sua companheira.

Sente-se em meditação imediatamente antes de dormir e ponha-se no estado Delta, no qual as ondas cerebrais passam a ser de vinte e oito a trinta e cinco ciclos por segundo. Enquanto está entre sono e vigília, crie um estado de fantasia no qual projete a seguinte meditação, com o pensamento das qualidades e aparência que deseja em sua alma gêmea:

> *Desejo a completação de minha vida amorosa. Peço a minha mente superior que me guie intuitivamente para minha verdadeira alma gêmea. Desejo as seguintes qualidades em minha companheira: honestidade, idealismo, beleza de alma, bondade, consideração, lealdade e espiritualidade. Sei que existe uma verdadeira alma gêmea criada exatamente para mim e agora medito nessa companheira perfeita. Enquanto sou levado para os planos astrais, minha alma procura e corteja a alma gêmea, pois alma fala com alma, como estrela fala com estrela, e eu sei que em algum lugar, esperando por mim, está meu perfeito amor.*

Depois, quando você pegar no sono, sua alma receberá divino ímpeto que, como uma bússola, se voltará sempre para a estrela do norte do romance divino.

COMO UMA MOÇA ENCONTROU SEU AMOR POR MEIO DE MEDITAÇÃO

Uma moça de apenas 18 anos sentia-se infeliz em seu lar, porque os pais eram verdadeiros tiranos e exigiam que ela ficasse em casa, insistindo em que era nova demais para sair com rapazes. Ela aprendeu a respeito de meditação e filosofia mística, e começou a entrar diariamente em meditação, na qual fantasiava a respeito de seu futuro amor.

Dois meses depois os pais mandaram-na visitar uma tia que morava em Niagara Falls, a fim de passar duas ou três semanas com ela. A tia, idosa e viúva, precisava de sua companhia e assistência. Um dia a moça estava andando às margens da catarata, misturada com centenas de turistas que apreciavam a cena. De repente, alguém a empurrou e fez com que sua bolsa caísse das mãos. Ela se abaixou para apanhá-la e sua cabeça ficou no mesmo nível que a de um sorridente jovem de olhos azuis, que se apressou em pegar a bolsa e devolvê-la. Com profusos pedidos de desculpa por seu descuido, o moço perguntou-lhe se ficara machucada e ela respondeu sorrindo que não. O rapaz acompanhou-a, conversando casualmente sobre as Cataratas, e perguntou-lhe de onde ela era. A jovem respondeu e o moço lhe contou que morava em Toronto e estava visitando amigos em Niagara Falls. Depois pararam e tomaram lanche. Com o passar do tempo, a moça percebeu que ali estava a alma gêmea ideal em que havia meditado!

Desse encontro casual, segundo me escreveu mais tarde, desenvolveu-se um maravilhoso romance. Ela estava suficientemente distante de seus pais dominadores para evitar sua interferência e eles de nada ficaram sabendo até quando lhes escreveu anunciando que estava noiva!

9. PARA INTUIÇÃO E FENÔMENOS PSÍQUICOS

Em outra parte deste livro, exploramos métodos para abrir completamente o sétimo Chakra e descobrir poderes psíquicos. Mas existe uma meditação especial que você pode usar para ajudá-lo neste processo.

O melhor estado de meditação em que se pode entrar para obter percepção psíquica é o Alfa. Suas percepções sensórias são todas aceleradas por esta forma de meditação e com ela você afastará sua intrometida mente consciente, deixando que centros intuitivos e psíquicos mais altos lhe dêem orientação.

Quando entra em meditação para obter orientação psíquica, você pode levar um pedaço de papel no qual tenha escrito algumas das coisas em que deseja ser orientado, tais como: a escolha de serviço, como estabelecer-se por conta própria, como atrair mais dinheiro, onde encontrar sua alma gêmea, se você deve comprar ou vender imóveis ou ações no momento.

Depois, enquanto visualiza seu lago mental e o vê absolutamente imóvel, medite o seguinte:

> *Agora peço à mente cósmica que me guie para a realização de meu destino. Desejo informação e orientação sobre os seguintes problemas. (Aqui considere mentalmente cada um de seus problemas, deixando sua mente consciente apresentar os problemas à sua mente superconsciente superior. Depois, solte o problema e entregue-o a essa mente superior com a seguinte declaração.) Eu agora entrego meus problemas ao amoroso cuidado da mente de Deus, sabendo que serei orientado no sentido de dar os passos certos para realizar meu destino.*

Em seguida, após meditação, cuide de suas atividades comuns, confiante em que, de alguma maneira, essa mente superior resolverá perfeitamente seus problemas.

10. PARA REALIZAÇÃO CÓSMICA E INTEGRIDADE ESPIRITUAL

Em sânscrito antigo, a palavra Darshan significa realização última espiritual ou cósmica. Neste estado de consciência, sua alma inquisitiva descobre o propósito por trás da vida e você obtém paz de espírito e paz de alma.

Para esta meditação, entre nas altas vibrações do estado Gama, onde você alcança um estado de animação e êxtase espiritual. Para ajudá-lo a conseguir isto, medite na abertura das pétalas da flor de lótus sagrada. Visualize sua mente e sua alma como aquela flor sagrada, abrindo uma pétala de cada vez, revelando todas as cores do arco-íris a seu olhar maravilhado. Para esta meditação, pense ou diga as seguintes palavras:

Ohm mane padme ohm, Ohm mane padme ohm. Agora descubro a jóia no coração do lótus. Minha alma torna-se agora o prisma cósmico através do qual cintila o raio puro e branco da infinita luz de Deus, criando um caleidoscópio de todas as cores do arco-íris. Agora estou banhado em consciência pelas cores astrais rosa, malva, amarelo solar, verde, azul etéreo e vermelho carmesim. Quando o lótus sagrado abre agora suas belas pétalas, vejo reveladas vistas distantes do passado. Minha alma atravessa esse caminho místico até a luz e sou envolvido pela infinita beleza de Deus, cercado por sua infinita bondade, abençoado por Sua infinita inteligência e inspirado por Sua infinita alegria e amor. Estou unido à luz.

RETROSPECTO DE PONTOS DO CAPÍTULO 12

1. Como alcançar os dez estados de meditação positiva que o tornam um fazedor de milagres, usando poderes supernormais para alcançar suas mais elevadas metas na vida.
2. Como conseguir retenção de memória e lembrança total do passado, por meio do estado de meditação de onda cerebral conhecido como Teta.
3. Um executivo comercial usou esta meditação para superar memória ruim e logo se tornou capaz de reter milhares de fatos novos que o ajudaram nos negócios.
4. Como usar meditação para concentração, visualização e imaginação, através do estado Alfa, e como dar tremendo poder a todos os setores de sua vida.
5. Como usar o estado Beta de meditação para ajudá-lo a resolver problemas através de racionalização e raciocínio.
6. Uma mulher usou esta meditação para saber o que devia fazer com uma área de terreno deserta e sem valor. Foi-lhe dito que a conservasse e ela ganhou 100.000 dólares no imóvel!
7. Como usar meditação para atrair sucesso e segurança financeira entrando no estado Delta.

8. Como sonambulismo psíquico o ajuda a criar o destino que deseja no sonho interior e depois projetá-lo no mundo exterior para transformá-lo em realidade.

9. Como usar meditação a fim de libertar idéias criativas e inspiração para tudo quanto você deseja fazer na vida, usando o estado Alfa para controlar seu poder mental.

10. Como libertar idéias criativas e inspiradoras em sua vida cotidiana, trazendo-lhe tremendo poder mental subconsciente para obter grandeza e sucesso.

11. Como um arquiteto, um químico e um vendedor de imóveis usaram esta meditação para alcançar tremendo sucesso financeiro em seus respectivos terrenos.

12. Como meditação pode ajudá-lo a obter cura, juventude e vitalidade, entrando no estado Alfa e libertando os agentes curativos do cérebro e do corpo.

13. Um homem curou-se de resfriado crônico com o uso desta meditação.

14. Como elevar a consciência à ação mental superior entrando no estado Teta de meditação e retardando o ritmo do cérebro para perfeito controle de todas as suas faculdades.

15. Como um ascensorista se tornou um dos maiores estilistas de penteados de senhoras, usando esta meditação para conquistar sucesso.

16. Como usar a meditação certa para atrair sua verdadeira alma gêmea e encontrar felicidade no casamento. Uma moça usou esta meditação para escapar de pais tirânicos e encontrar felicidade no amor.

17. Como alcançar intuição e fenômenos psíquicos por meio de meditação e ser orientado intuitivamente para as coisas certas na vida.

18. A meditação a usar para conseguir realização cósmica e integridade espiritual, no estado conhecido como Darshan, sânscrito.

COMO PROJETAR SUA ALMA EM VIAGENS ASTRAIS ATRAVÉS DE MEDITAÇÃO MÍSTICA

13

Da Índia antiga vem o conhecimento místico que pode ajudá-lo a projetar a alma em viagens astrais enquanto dorme. Meditação transcendental é usada como meio de libertar a alma do corpo físico e projetá-la nos reinos astrais.

Enquanto você está no astral, sua alma pode adquirir conhecimento de mestres antigos. Você pode instruir-se nas artes plásticas, música, línguas, história ou nos segredos místicos por trás do cosmo. Quando entra naquele misterioso mundo quadrimensional de espírito, você pode explorar poderes ilimitados e elevar-se a reinos místicos onde moram os imortais.

COMO UM GURU DA ÍNDIA EXPLICOU A NATUREZA DA ALMA

Visitei certa vez o Ashram de um famoso Guru, na Índia, e mantive muitas discussões com ele a respeito da natureza de Deus, da alma e dos mistérios por trás da vida. Para ilustrar a natureza da alma e a razão por que é possível a ela partir em vôos astrais à noite, ele demonstrou uma coisa muito interessante. Apanhou uma esponja e encheu-a de areia, depois mergulhou-a em um balde de água. "Agora, você notará", disse ele, "que existem aqui três substâncias, cada uma delas interpenetrando a outra: a esponja, com areia dentro, e água fluindo através da esponja."

Depois tirou a esponja do balde e, apertando-a entre as mãos, fez escorrer toda a água. Em seguida, sacudiu a esponja fazendo cair a areia. "Agora, pode notar", disse ele, "que existem de novo três substâncias separadas. A esponja é análoga ao corpo físico do homem. A areia é semelhante ao cérebro do homem, de onde sai o que chamamos mente. A água é semelhante ao espírito ou alma, que, quando livre da esponja e da areia, volta mais uma vez ao amor, de onde veio. Assim, o corpo do homem contém igualmente um agente orientador, que é seu cérebro, de onde sai poder mental, mas a alma é uma inteligência invisível e penetrante, que vem de Deus quando nascemos e que, quando morremos, volta à fonte."

Depois o Guru explicou que, por meio de meditação, imediatamente antes de dormir, podemos mandar a alma para o invisível, que ela tem vida própria e pode explorar o registro "akashico" do universo, no qual está inscrita a história inteira do cosmo em vibrações invisíveis, que a alma é capaz de interpretar.

UMA VIAGEM ASTRAL AO TIBETE ANTIGO

Entrei em meditação uma noite antes de dormir e dei instruções à minha alma para ir ao astral e trazer conhecimento de que eu precisava para minhas palestras, quando estava no mundialmente famoso Carnegie Hall.

Tive o que parecia ser um sonho vívido, no qual eu parecia estar em uma terra antiga, no jardim de um mosteiro, com um grupo de monges de vestes amarelas. Depois me tornei um dos monges e entrei em uma biblioteca forrada de livros, mas não eram livros comuns como os que conhecemos. Eram pedaços de madeira com cerca de vinte e cinco centímetros de comprimento por quinze centímetros de largura, nos quais estavam escritas palavras em uma língua estranha que eu entendia facilmente. Estudei essas placas de madeira durante algum tempo e absorvi sua significação.

Quando este vôo astral terminou, voltei a meu corpo e acordei, com a impressão de que estava caindo através do espaço. Anotei minhas impressões do que acontecera em meu vôo astral e depois voltei a dormir.

Alguns anos mais tarde, apanhei o *Times* de Nova York e na primeira página do segundo caderno havia fotografias de placas de madeira que tinham sido escavadas em um antigo mosteiro do Tibete! As placas de madeira eram do tamanho e do formato que eu vira em minha viagem astral e escritas em uma língua estranha que ninguém mais falava.

O MÉTODO A USAR PARA PROJETAR A ALMA EM VIAGENS ASTRAIS POR MEIO DE MEDITAÇÃO MÍSTICA

1. Para conseguir projeção astral, entre na meditação conhecida como estado Delta. Este é o ritmo de sono profundo, e descobri que a projeção astral ocorre melhor quando o cérebro atinge este estágio profundo de meditação.

Para chegar a este estado Delta de meditação, respire fundo dez ou quinze vezes. Depois projete mentalmente a mente para trás, através do tempo e do espaço, até os dias mais antigos que possa lembrar. Recapitule os acontecimentos do passado, fixando-os na mente e vivendo-os como se fossem projetados em uma tela cinematográfica na mente.

2. Quando tiver alcançado o profundo estágio de meditação Delta e seu ritmo cerebral estiver acelerado, faça a mente projetar sua alma para trás no tempo e no espaço. Assim como a mente foi capaz de rememorar lembranças no registro "akashico" de seu cérebro, que ainda são reais em sua memória, assim sua alma pode ser levada a ler no registro "akashico" do passado e fixar em sua mente as imagens da marcha histórica dos acontecimentos do passado.

3. Agora, após ter atingido este estágio de meditação, visualize sua alma ligada a seu umbigo, exatamente pelo cordão umbilical que o prendia a sua mãe por ocasião do nascimento.

4. Agora medite o seguinte, usando estas palavras, que você pode memorizar, ou inventando um diálogo semelhante que você mantenha com sua alma, enquanto se esforça para projetá-la nas regiões astrais:

> *Agora entro em meditação profunda, na qual desejo conseguir projeção astral. Desejo explorar o registro "akashico"*

do passado. Desejo viajar para terras e tempos antigos e ter conhecimento da história daqueles dias.

Agora ordeno à minha alma que se eleve, libertando-se de meu corpo físico, e ascenda aos reinos astrais. Desejo visitar a antiga terra da Índia e explorar os mistérios daquele país. Desejo visitar o Egito, nos velhos tempos das Pirâmides, e conhecer os mistérios existentes naquela antiga tumba dos Faraós. Desejo ir à terra mística do Tibete, além da cordilheira do Himalaia, e vaguear pelas trilhas místicas, acumulando conhecimento sagrado sobre a natureza da alma e o mistério chamado Deus.

Minha alma agora ascende ao invisível reino quadrimensional do espírito e liberta-se da força da gravidade da terra. Para o alto — para o alto — para o alto, eu me elevo, enquanto minha alma adquire asas e consegue sua libertação da atração da gravidade do corpo e da terra.

5. Quando chegar a este estágio de sua meditação, você terá uma sensação de leveza em seu corpo e todas as sensações físicas cessarão. Você agora se torna mente e espírito, libertado do grosseiro corpo físico. Terá a impressão de estar subindo em um avião e experimentará ligeira sensação de empurrão na região do umbigo, enquanto faz força para o alto com sua consciência, tentando libertar a alma da atração de gravidade do corpo.

6. Neste estágio de sua meditação, você pode ainda ter percepção consciente. Pode sentir que está subindo e ser capaz de olhar para trás e ver seu corpo físico na cama. Pode ter percepção do quarto, pois ele parecerá estar iluminado por um estranho clarão fosforescente, que é a aura que todas as substâncias físicas emitem. Você pode neste estágio de meditação ouvir bela música etérea, diferente de tudo quanto se ouve de instrumentos terrenos. Pode ver o brilho de luzes coloridas, como um grande arco-íris cósmico, dotado de um resplendor e beleza que é celestial e diferente das cores percebidas por seus olhos terrenos.

COMO UMA MULHER USOU ESTE MÉTODO PARA CONSEGUIR PROJEÇÃO ASTRAL

Uma ouvinte de minhas palestras em Los Angeles, que aprendeu a sair para o astral, era música e compositora. Conseguiu projeção astral depois de tentar três ou quatro vezes e, no momento da libertação de sua alma, contou-me ter ouvido a mais bela música, que ninguém na terra poderia tocar. Era como se música celestial das esferas tivesse sido tirada da beleza terrena, tudo criando uma magnífica sinfonia que deslumbrava os sentidos.

Desses vôos astrais, a mulher foi capaz de trazer de volta padrões de música que mantinham seus ouvintes fascinados, pois ela captara com precisão muitos dos sons celestiais que sua alma experimentara no vôo astral.

7. Depois de conseguir a primeira libertação de sua alma em vôo astral, você poderá dirigi-la para qualquer idade ou país que deseje visitar. Como não existe tempo nem espaço, mas apenas espírito, nesse vasto domínio cósmico do astral, você poderá realizar vôo instantâneo de um século para outro ou de um país para outro. O espírito é análogo à luz, que se desloca à velocidade de 300.000 quilômetros por segundo. A percepção da alma pode abranger cem ou mil anos em alguns segundos e perceber o desfilar da história em um único segundo.

Assim como um homem que se afoga vê toda sua vida passar diante de sua mente em um segundo, assim, também, em vôo astral, você pode ter experiências que abrangem vários séculos. Você já viu o processo cinematográfico de câmara rápida, no qual um botão se abre diante de seus olhos em uma bela flor, plenamente desabrochada. Você presencia na tela um processo que levou horas ou dias para realizar-se, mas pelo milagre da câmara rápida, este processo é acelerado de modo a mostrar-se em poucos segundos.

Sua alma tem capacidade idêntica e pode comprimir milhares de vistas, sons, cores e impressões, que levaram meses, anos ou mesmo séculos para ocorrer, em um breve espaço de tempo, que sua alma inquisitiva pode perceber em alguns momentos de vôo astral.

COMO UM HOMEM ESCREVEU UM ROMANCE HISTÓRICO ATRAVÉS DE VÔO ASTRAL

Conheci um escritor famoso, autor de romances históricos, que praticava projeção astral. Ele voltava para o período da história sobre o qual desejava escrever e, em vôos astrais, recebia dados sobre personagens, roupas e detalhes da história, que nenhum livro lhe poderia dar.

8. Após ter conseguido projeção astral e ter feito sua viagem a outras dimensões de tempo, você pode ordenar à sua alma que se interiorize em seu corpo, simplesmente dizendo: "Quero que você volte para meu corpo terreno." Da mesma maneira que, quando está tendo um pesadelo, dá ordem a si próprio para acordar, você pode também voltar à vontade dos vôos astrais.

Não tema que sua alma seja incapaz de voltar a seu corpo, pois o relógio de tempo cósmico do seu destino está acertado e você não pode ficar preso nas vastidões cósmicas por mero acidente. Sua alma voltará quando seu vôo astral estiver terminado e você poderá partir tantas vezes quantas quiser nessas viagens astrais e permanecer enquanto quiser, para voltar depois em segurança a seu corpo, sem correr qualquer perigo ou sofrer qualquer dano.

RETROSPECTO DE PONTOS DO CAPÍTULO 13

1. O conhecimento místico de como projetar a alma em viagens astrais, por meio de conhecimento transcendental que teve sua origem na Índia antiga.
2. Como se pode entrar em contato com mestres em planos astrais e instruir-se em artes plásticas, música e línguas, aprendendo também segredos místicos do mundo quadridimensional de espírito.
3. A natureza da alma, o mistério de Deus e o propósito por trás da vida, como foi explicado por um Guru da Índia, em relação a meditação e projeção astral.
4. Como explorei certa vez o Tibete antigo em viagem astral e descobri placas de madeira com escritos sagrados no jardim de um mosteiro.
5. Como entrar no estado Delta de meditação, que é propício a projeção astral e libertação da alma.
6. A meditação a usar para conseguir a exteriorização da alma e como ordenar à alma que deixe o corpo.

7. Como a alma se liberta do corpo e como isso é acompanhado por sons de música celestial e cores do arco-íris cósmico, que são inacreditáveis.
8. Como uma mulher usou este método para conseguir projeção astral e foi capaz de sintonizar música celestial, que trouxe de volta para fascinar seu público em concertos.
9. Como artistas plásticos, compositores, poetas e dramaturgos iluminados captaram visões astrais em criações de arte plástica, música e literatura.
10. Como selecionar a idade ou país que você deseja visitar em vôo astral e perceber o desfile da história em poucos momentos no astral.
11. Um homem escreveu um romance histórico, que foi composto enquanto se encontrava em vôos astrais a outra idade e outro país.
12. Como interiorizar a alma de novo no corpo, depois de viagens astrais, e conseguir retorno instantâneo sem perigo ou temor de ficar fechado em uma vastidão cósmica.

COMO AUMENTAR AMOR E ATRAIR SUA VERDADEIRA ALMA GÊMEA POR MEIO DE MEDITAÇÃO

14

Filosofia mística revela que amor é o poder mais criativo do mundo. Com amor você pode fascinar o coração e a mente de outros e influenciá-los para ação criativa. Pelos laços do amor no casamento, você pode criar o milagre da vida e receber o poder divino de criar à sua imagem e semelhança.

Por meio de meditação transcendental, você pode conseguir a realização de seu destino em amor e casamento. Você pode emitir o místico desígnio de amor, e ele fascinará o coração de sua amada e lhe permitirá atrair para sua órbita de experiência a pessoa que você ama.

OS QUATRO ASPECTOS DE AMOR

O amor tem quatro aspectos e cada indivíduo precisa experimentar todos eles para que se considere uma pessoa completamente integrada e feliz.

Neste capítulo exploraremos o método de usar meditação transcendental a fim de colocar em foco na sua vida essa emoção divina, para que você possa receber benefícios que transcendem da paixão meramente física e material.

1. Amor procriativo
2. Amor criativo
3. Amor de família
4. Amor a Deus

COMO CONSEGUIR OS QUATRO ASPECTOS DE AMOR COM MEDITAÇÃO

1. AMOR PROCRIATIVO

A Bíblia dá-nos o princípio que existe por trás de toda vida e que se funda no amor procriativo.

Gênesis 1:27-28: Criou Deus, pois, o homem à sua imagem, à imagem de Deus o criou; homem e mulher os criou.
E Deus os abençoou, e lhes disse: Sede fecundos, multiplicai-vos, enchei a terra e sujeitai-a; dominai sobre os peixes do mar, sobre as aves dos céus, sobre os animais domésticos, sobre toda a terra e sobre todos os répteis que rastejam pela terra.

É natural que você se case, assente a vida e constitua família. Mas que acontece na maioria dos casos quando pessoas se casam? Elas não meditam na atração de sua alma gêmea ideal e correm atrás de uma aliança física, atraídas apenas por magnetismo sexual. Depois de alguns meses, quando essa atração física se desfaz, cansam-se uns dos outros e procuram o divórcio. É trágico quando uma criança nasce de tal união, pois a separação que se segue cria problemas para todos os envolvidos. De cada cinco casamentos nos Estados Unidos, três terminam nos tribunais de divórcio.

COMO USAR MEDITAÇÃO PARA ATRAIR SUA VERDADEIRA ALMA GÊMEA

Para meditar na alma gêmea ideal entre na meditação conhecida como Beta.

Depois de entrar em meditação, visualize a si próprio subindo ao cume da montanha espiritual, o que ajuda a elevar sua consciência acima do reino físico e material.

Tenha uma atmosfera que reflita paz, toque uma bela música de ritmo romântico e tranqüilo, como as valsas de Strauss ou as polonaises de Chopin. Após ter adquirido uma sensação de tranqüilidade interior e sua mente estar livre de toda negatividade e caos, apresente a si próprio a seguinte meditação, dizendo as palavras consigo mesmo:

Eu agora medito nos mais elevados ideais de amor que posso entronizar na consciência. Sei que Deus é amor, por isso amor é a emoção espiritual última que pode promover o uníssono de duas almas em divino matrimônio. Agora peço orientação divina para descobrir minha verdadeira alma gêmea. Desejo casamento com a única pessoa que possui todas as qualidades ideais que desejo em minha alma gêmea.

Nesta união ideal expressarei as qualidades de amor cósmico, que são: desejo de partilhar todas as experiências; respeito mútuo; consideração recíproca em todas as ocasiões; perdão pelos erros de minha companheira; apreciação das boas qualidades alheias; tolerância pelas imperfeições de minha companheira. A expressão de bondade e o oferecimento de elogio quando for merecido. Expressarei diariamente a divina emoção de amor, compaixão, compreensão e perdão.

Após ter afinado seus centros mentais superiores com o emprego desta meditação, você terá magnetizado sua mente de tal maneira que só vibrará automaticamente sob as qualidades que expressou em meditação. Quando encontrar-se com representantes do sexo oposto, você será instantaneamente guiado por seus centros psíquicos superiores para as pessoas que irradiam as qualidades que gravou em seus centros mentais superiores.

COMO UMA MULHER DE 25 ANOS ATRAIU VERDADEIRO AMOR

Uma mulher que freqüentava minhas palestras contou-me que achava que ficaria solteirona, porque nunca poderia encontrar um homem que correspondesse a seus ideais. Tinha 25 anos e disse: "Onde poderei encontrar um homem que venha a ser marido perfeito e bom pai de meus futuros filhos? Hoje em dia, a maioria dos homens só se interessa pelas emoções físicas."

Instantaneamente mudei-lhe o pensamento e disse-lhe como devia entrar em meditação e carregar os centros magnéticos de sua consciência com a alma gêmea ideal que desejava atrair. Ela estava procurando seu par para casamento com a mente consciente comum de mulher e essa lhe falhara.

A mulher passou a entrar em meditação diária e dizer a meditação acima durante um período de três semanas. Abandonou sua frenética preocupação e busca, entregando o problema nas mãos de uma inteligência cósmica que sabia onde estava sua alma gêmea.

Uma noite foi a uma festa oferecida por uma enfermeira sua conhecida. Meia hora depois estava dançando com um moço moreno, alto e bem aparentado que trabalhava como interno em um hospital. Ele estudava para formar-se em pediatria, e a mulher sentiu psiquicamente que ali estava o homem ideal pelo qual havia esperado toda a sua vida. Os dois adoravam crianças. Ele era muito idealista e tão devotado ao trabalho que não se entregava a diversões como a maioria dos amigos.

O interno perguntou-lhe se poderia telefonar-lhe e anotou o número de seu telefone. Pessimista, ela pensou: "Nunca mais ouvirei falar nele!" No sábado da semana seguinte, ele telefonou e a convidou para saírem juntos. Ela me disse posteriormente que os dois foram compatíveis desde o momento em que se conheceram. Gostavam da mesma música, dos mesmos alimentos, dos mesmos programas de televisão. Ele esperara sempre por sua alma gêmea e propôs casamento três meses depois.

2. AMOR CRIATIVO

Toda pessoa deve ter amor criativo em sua vida. As limitações do amor procriativo são evidentes. Nós podemos ter filhos e criá-los bem, mas quando uma mulher termina essa tarefa, aproximadamente aos quarenta ou quarenta e cinco anos, deve sua vida estar liquidada e sem amor?

É óbvio que foi intenção de Deus canalizar tremendo poder criativo através do impulso de amor quando elevado a seu plano apropriado de ação criativa.

A maioria das grandes obras do mundo, nas artes plásticas, na música, na poesia, na literatura, na ciência, nas invenções e nas realizações industriais, foi criada por causa do poder inspirador do amor.

Por trás de todo homem bem sucedido, dizem, existe o amor de uma mulher. Estátuas são erguidas a Lincoln, Washington, Pasteur e Colombo, mas que dizer dos monumentos invisíveis criados por suas amorosas mães, namoradas e esposas?

Veja os douradouros e benéficos efeitos do amor na vida de grandes almas como Florence Nightingale, que elevou a novas altitudes a profissão de enfermeira. Observe as heróicas proporções de amor que o Padre Damien tinha pelos leprosos em Mocai, quando trabalhou entre eles e deu sua vida ao serviço deles.

Amor criativo é o poder dinâmico por trás de músicas magníficas. Maior número de músicas foi composto a respeito de amor do que a respeito de qualquer outro tema. Mais poemas, histórias e dramas foram modelados em torno desse tema do que em torno de qualquer outro. Amor criativo precisa ser expressado por todo ser humano vivo, se quiser elevar o trabalho ao nível de uma força inspiradora para o bem da humanidade.

MEDITAÇÃO PARA CONSEGUIR AMOR CRIATIVO

Entre em quietude e visualize o lago espiritual, colocando-se no estado Alfa de meditação.

Diga ou pense a seguinte meditação:

> *Eu agora medito na segunda faceta de amor divino. Eu expresso o impulso criativo pelo bem da humanidade. Estou agora no fluxo de idéias inspiradoras e energia criativa. Canalizo este amor criativo para minhas tarefas cotidianas. Sirvo amorosamente em meu trabalho, sabendo que estou transmitindo minhas idéias, serviço e trabalho para o duradouro tecido de meu destino.*
>
> *Elevo minha consciência a altos níveis de inspiração através do amor. Sinto esta divina emoção em todas as minhas relações com as pessoas entre as quais trabalho. Busco a inspiração de minha consciência superior e trago-a para minhas tarefas cotidianas, tornando-as alegres, construtivas e amorosas.*

A EXPERIÊNCIA DE UMA PROFESSORA

Uma professora que eu conheço usa esta meditação diariamente antes de iniciar seu trabalho e contou-me que isso tornou suas tarefas mais agradáveis do que eram anteriormente.

A EXPERIÊNCIA DE UM JUIZ

Conheço um juiz de tribunal superior em Los Angeles, que estudou metafísica comigo. Contou-me ele que, sempre que tem um dia difícil no tribunal, limpa primeiro a consciência com esta meditação. Disse que poder e persistência vêm de alguma fonte superior e que se sente capaz de dispensar a justiça com maior integridade por causa de suas meditações.

3. AMOR DE FAMÍLIA

A emoção de amor é muito naturalmente expressada primeiro em relação à própria família, pois os laços de sangue são os mais estreitos que podemos conhecer em nossas relações humanas.

Muitas famílias expressam amor ocasionalmente, mas há longos períodos intermediários em que se mostram, às vezes, inclinadas a zangas e intolerância.

Conheci certa vez um homem que era excelente provedor de sua família, constituída de duas filhas, mas quando tinha uma discussão com a esposa, passava dias sem falar com ela ou com as crianças! Esses acessos de ódio e raiva cancelavam todo o amor e proteção que proporcionava à família quando estava com boa disposição. Suas filhas cresceram com falta de respeito pelo pai e a mãe morreu cedo. Uma das filhas disse-me que isso aconteceu por causa da freqüente raiva e descaso do pai. O pai, sem dúvida, sentia-se culpado pela maneira como tratou a esposa enquanto ela viveu.

Para conservar-se afinado com o amor divino em relação aos membros da família, use a seguinte meditação:

> *Estou agora afinado com o amor divino em todos os planos. Eu gero hoje amor e bondade, que expressarei o dia*

inteiro aos membros de minha família. Se existe alguém a quem eu maltratei ou acusei injustamente, perdôo-o agora e peço seu perdão por minha conduta. Estou agora ligado por alegres laços de acordo e harmonia com toda a minha família e expresso a ela minha gratidão por suas numerosas bondades e minha apreciação por seu amor e bondade.

COMO UMA MULHER SE CUROU POR MEIO DESTA MEDITAÇÃO DE AMOR

Uma mulher minha conhecida, que participou de nosso trabalho de palestras na cidade de Nova York, odiou a irmã durante vinte anos. As duas tiveram um desentendimento por causa do testamento do pai e uma recebeu mais do que a outra na partilha. Isto levou a acusações injustas e ódio de parte a parte.

Essa mulher adquiriu severa complicação brônquica e teve pneumonia duas vezes em dez anos. Quando entrou em nosso trabalho, sentia dores de artrite e mudava a dieta com freqüência, mas inutilmente. Quando me revelou seu peso de ódio de vinte anos, percebi por que estava doente. Dei-lhe esta meditação para amor e concitei-a a escrever à irmã, pedindo-lhe perdão. As duas irmãs reconciliaram-se e viveram juntas felizes depois disso. Ambas começaram a comparecer a minhas palestras e a irmã que estava doente sarou completamente em três meses!

OS FRUTOS DO ÓDIO

Com muita freqüência mantemos o que é bom afastado de nós por expressarmos a negativa emoção de ódio. Outro caso que conheci, no qual o amor se transformou em ódio, foi o de uma moça muito apegada ao pai. Ela adorava o pai, que lhe prodigalizava tanto amor a ponto de muitas vezes causar atrito entre ele e a esposa. A esposa morreu, e ele ficou sozinho com a filha que o adorava. Mas o pai era ainda vigoroso e sentia necessidade do amor de uma esposa, por isso casou-se de novo. A filha odiou a madrasta e saiu de casa.

Quando a conheci em Nova York, ela me falou de sua aversão pela madrasta e me contou como se afastara de seu pai. "Ele não devia ter-se casado de novo", lamentou ela. "Por respeito a minha mãe." Egoisticamente, ela desejava que o pai passasse sozinho seus anos de velhice, só com o amor dela para ampará-lo.

Mostrei-lhe que isso era errado e egoísta, concitando-a a fazer as pazes com o pai e a madrasta. Ela lhes fez uma visita em uma cidade do médio-oeste naquele verão, quando tirou férias. No decorrer dos anos, seu pai tornara-se muito rico por meio de especulações imobiliárias. Estava semi-inválido e a esposa cuidava maravilhosamente dele.

Dois anos depois, o pai morreu. Quando foi aberto seu testamento, verificou-se que ele legara metade dos bens à esposa e o restante à filha. Em uma carta que deixara com os advogados, o pai explicou como, por raiva, havia excluído completamente a filha do testamento original, mas alterara o documento dois anos antes, quando ela se reconciliara com ele! Essa expressão de amor familiar assegurou à moça uma herança de 50.000 dólares!

4. AMOR A DEUS

A mais vital faceta do quadro cósmico de amor é a expressão dessa divina emoção em nosso amor a Deus, o criador.

Muitas vezes, pessoas que expressaram amor em todos os outros planos, deixaram esse elemento vital fora do esquema de seu destino. Criaram os filhos, seus cônjuges morreram e elas envelheceram, sentindo agora que nada mais têm a esperar. Muitas vezes, essas pessoas tiveram casamentos felizes, criaram bem os filhos e depois ficaram esperando o fim da vida, em solidão e com sentimentos de frustração.

É nesses tempos de amargura e derrota que precisamos da força sustentadora do amor a Deus.

Esta divina emoção deveria ser sentida em todos os dias de nossa vida, não apenas depois de chegarmos aos anos do ocaso e estarmos nos preparando para a transição chamada morte. A alma do homem deve estar em divina comunhão com esta emoção, que é a mais sagrada de todas, o amor a Deus, em todo os dias de sua vida.

Para incutir em seu coração e sua alma essa emoção, que é maior de todas, comece cada dia de sua vida, ao despertar, com esta meditação sobre amor a Deus.

Agora agradeço a Deus por outro glorioso dia de vida. Desperto para a divina emoção do Amor a Deus e a toda a humanidade. Agora dedico minha respiração durante este dia inteiro como um cântico de graças ao criador do universo e, toda vez que eu respirar hoje, será um cântico celestial, erguendo-se às alturas cósmicas, em perpétuo louvor e glória ao Pai de toda a criação.

MEDITAÇÃO DE UM MONGE TIBETANO

Conheci certa ocasião um monge tibetano no norte da Índia e entramos juntos em um mosteiro fechado, do qual, à distância, podíamos ver a imponente e sagrada cordilheira do Himalaia, além da qual ficava seu retiro.

Este monge carregava consigo uma roda de orações em miniatura, na qual estavam presos pequenos pedaços de papel colorido. Ele me explicou: "Nestes pedaços de papel estão escritas preces e, todas as vezes que giro a roda de orações, estas centenas de preces sobem às alturas celestes em perpétuo louvor a Deus. No Mosteiro de Lahasa, temos uma roda de orações contendo mil preces e todos os dias os monges giram esta roda, colocando-nos em constante comunicação com Deus, fonte de toda vida e amor." Em seguida, ele me disse como no mundo ocidental podemos utilizar o mesmo princípio de Sagrada Meditação, dedicando cada respiração a Deus, durante o dia inteiro, quando despertamos de manhã.

RETROSPECTO DE PONTOS DO CAPÍTULO 14

1. Como a emoção de amor pode ser usada para envolver com místico encanto o coração e a mente de outros, e influenciá-los a ação criativa.
2. Os quatro aspectos de amor que toda pessoa deve utilizar, se desejar ter uma experiência de vida equilibrada, bem integrada e feliz.

3. Como amor procriativo é o princípio por trás de toda vida e deve ser invocado para multiplicar e encher a terra.
4. Como você pode usar meditação para atrair sua alma gêmea e ajudar a elevar sua consciência acima do plano físico e material de amor e paixão.
5. Como uma mulher de 25 anos, que pensava estar destinada a ser solteirona, usou esta meditação para atrair um jovem interno de hospital, que era sua verdadeira alma gêmea em todos os aspectos.
6. Como o amor criativo atua no sentido de canalizar grande poder criativo para grandes obras de artes plásticas, música, literatura, ciência e indústria. Por trás de todo homem bem sucedido existe o amor de uma mulher.
7. Como uma professora e um juiz usaram diariamente esta meditação para amor criativo, a fim de tornar seu trabalho mais alegre e produtivo.
8. Como o amor de família é outra faceta do quadrado cósmico de amor e produz unidade, harmonia e alegria na vida.
9. Como um homem violou esta lei de amor e sofreu sentimentos de culpa e miséria, perdendo o respeito e amor da esposa e de duas filhas.
10. Como uma mulher usou esta meditação de amor para vencer o ódio que sentia pela irmã desde vinte anos antes e ficou curada de doença brônquica e artrite.
11. Uma moça perdoou o pai pelo suposto erro que havia cometido ao casar-se com outra mulher e, estendendo-lhe de novo amor e compreensão, herdou a importância de 50.000 dólares, quando o pai morreu.
12. Amor a Deus, a faceta mais vital do quadrado cósmico de amor, e como esse amor sustenta a humanidade em tempos de necessidade.
13. Meditação secreta obtida de um monge tibetano perto do Himalaia, na qual o poder de Deus é invocado diariamente com cada inalação de ar, liberando tremendo poder físico, material e espiritual.

15 COMO USAR A MEDITAÇÃO DA CHAMA SAGRADA DO TEMPLO DE ÍSIS PARA PODERES SUPERNORMAIS

Uma das mais potentes formas de meditação é a invocação através do ritual da chama sagrada dos Templos de Ísis e Osíris, na Pirâmide de Gizé, no Egito.

Durante séculos, os egípcios antigos souberam que havia algum poder superior que podia ser descarregado na psique humana por meio de invocação e ritual.

Nesse antigo sistema, meditação era usada como meio de suspender a mente consciente e abrir os centros supe(r)iores de consciência. Dessa maneira, toda a força dos centros psíquicos superiores do homem era posta em ação e ele se tornava literalmente capaz de realizar milagres de fé em todos os setores de sua vida.

OS MILAGRES QUE VOCÊ PODE REALIZAR ATRAVÉS DA MEDITAÇÃO DA CHAMA SAGRADA

1. Você pode usar o ritual da chama sagrada para resolver problemas e superar os desafios diários que surgem.
2. Você pode confiar à chama sagrada seus sonhos e aspirações, escrevendo tudo, e depois consigná-los à chama, libertando o espírito criativo que manifestará tudo quanto você escreveu.

3. Você pode elevar o nível de sua inspiração a novas alturas para qualquer atividade criativa que deseje realizar, como escrever histórias, pintar quadros, inventar objetos novos, compor bela música ou iniciar um empreendimento comercial.
4. Você pode invocar o poder magnético do amor e efetuar a magia de atração sobre o coração da pessoa que deseja atrair.
5. Você pode usar o ritual da chama sagrada para remover de seu ambiente obstáculos, pessoas e condições desagradáveis.
6. Você pode fazer o milagre de curar corpos doentes, o seu ou os de seus amigos e parentes, invocando as artes curativas da mente cósmica.
7. Com o ritual da chama sagrada, você pode eliminar pobreza e provações, e atrair um novo emprego, mais dinheiro e segurança financeira para sua família e para si próprio.
8. Você pode também usar o ritual da chama sagrada para outras coisas que não sejam benefícios físicos e materiais; pode usá-los para elevar sua consciência a uma percepção espiritual expandida que lhe dará paz de mente e maior fé em Deus.

O PODER MILAGROSO DA FÉ E COMO ELE ATUA

Na base do ritual da chama sagrada dos Templos de Ísis e Osíris, está o poder milagroso da fé. Este poder milagroso era invocado por Jesus cada vez que Ele efetuava uma cura. Disse Ele: "A tua fé te salvou" (Mateus, 9:22). "Se tu podes crer, tudo é possível ao que crê!" (Marcos, 9:23).

"Porque te restaurarei a saúde, e curarei as tuas chagas, diz o Senhor" (Jeremias, 30:17).

O poder de seu eu espiritual superior é descarregado quando você acredita em milagres. O poder mágico da fé ajuda a disparar o sistema nervoso autônomo que controla as glândulas, o coração e os pulmões.

Foi-nos dito: "A fé sem obras é morta" (Tiago, 2:26). Quando usa o ritual da chama sagrada e entra em meditação, com fé, você começa a ver os resultados da fé em seus negócios, em seu corpo, em seu ambiente e na paz e segurança que experimenta na mente, no corpo e na alma.

O REGIME PARA USAR A MEDITAÇÃO DO RITUAL DA CHAMA SAGRADA

1. Crie um santuário sagrado diante do qual meditará, quando desejar invocar o ritual da chama sagrada. Tenha uma pequena urna na qual possa queimar um pedaço de papel. Tenha uma série de velas de cores diferentes, que usará para as diferentes meditações. Erga um emblema, uma cruz ou alguma relíqua sagrada de sua crença. Se puder encontrar a reprodução egípcia de algum pequeno artigo da Pirâmide, ela ajudará a focalizar seus poderes mentais superiores.

2. Mantenha escuro o aposento onde realizará o ritual da chama sagrada, salvo quanto à luz da vela, e posteriormente, quando queimar o papel, salvo quanto à luz da chama. Você pode executar o ritual da chama sagrada sozinho ou acompanhado de amigos íntimos ou parentes. Contudo, certifique-se de que eles participam desse ritual sagrado com fé, pois um descrente pode criar uma atmosfera de descrença que anula a concentração positiva das outras mentes.

3. Você pode ter música suave e pacífica tocando no fundo. A composição "Meditação", de *Thaís,* é excelente para este propósito. O mesmo se aplica a "No Jardim de um Mosteiro".

4. Você pode sentar-se em posição confortável diante do altar que construiu, com a vela sobre uma mesa perto da urna, na qual queimará o papel. Tenha à mão uma caneta e pedaços de papel em branco, nos quais escreverá seus pedidos para serem queimados na chama sagrada.

5. Antes de iniciar a meditação sobre a chama sagrada, escreva seus pedidos em pedaços de papel. Corte pedaços pequenos de papel e use dois ou três, anotando tantos pedidos quantos desejar.

Não há limite para o poder que você invocará; o único limite é sua fé ou falta de fé. Se escrever que deseja um milhão de dólares, com insinceridade, dizendo a si mesmo: "Sei que isto é ridículo, mas vamos ver o que acontece", você automaticamente nega o poder que deseja invocar. Se escrever 1.000 dólares e realmente acreditar que é possível conseguir essa importância dentro de certo período de tempo, você terá excelente probabilidade de obtê-la.

COMO UMA MULHER OBTEVE 5.000 DÓLARES POR MEIO DO RITUAL DA CHAMA

Em Los Angeles, uma mulher que começou a usar este ritual da chama sagrada teve numerosas pequenas demonstrações desde o começo. Tinha no rosto uma verruga que queria remover e, depois de invocar o poder através da chama sagrada, a verruga desapareceu em um mês. Em seguida, pediu uma viagem ao Havaí, em uma segunda lua-de-mel, para reconquistar o marido, cujo amor estava desaparecendo. Naquele ano, o marido recebeu uma gratificação por ter conquistado uma grande clientela para sua empresa e os dois fizeram a viagem de lua-de-mel, na qual ela reconquistou seu amor. Sua terceira tentativa foi pedir 5.000 dólares para ajudar a reformar uma casa para o filho casado e a família dele. Isto parecia um feito impossível. Ela fixou o prazo de seis meses. Três meses depois aconteceu da maneira mais extraordinária. O marido havia comprado anos antes algumas ações baratas de mineração no Canadá e guardara as cautelas em uma mala, esquecendo-se delas. A companhia parecia ter falido, mas alguém comprara as ações, refinanciara a empresa e um dia ela leu nos jornais que as ações valiam agora 5.000 dólares a mais do que o marido pagara por elas! Obtivera, assim exatamente a quantia que desejara na meditação do ritual da chama sagrada.

6. Você pode escrever as seguintes palavras nos pedaços de papel ou inventar outras que se ajustem às suas exatas necessidades. Use redação breve e incisiva. Seus centros psíquicos superiores conhecem suas necessidades, e você só precisa projetá-las brevemente por escrito para focalizá-las mais claramente em seus centros mentais superiores.

A. PARA RESOLVER PROBLEMAS E VENCER DESAFIOS

Complicações em meu trabalho.
Atritos e discórdia na família.
Falta de dinheiro.
Doença física.
Preocupação e ansiedade.
Problemas românticos.
Mau hábito de fumar, beber ou jogar.
Falta de memória.

B. PARA MANIFESTAR OS SEUS SONHOS E ASPIRAÇÕES

Eu desejo o seguinte:

A importância de 1.000 dólares dentro de três meses.
Um novo emprego em serviço que me agrade.
Uma casa própria ou um apartamento de que eu goste.
Uma viagem à Europa em minhas férias.
Casar com minha verdadeira alma gêmea.
Uma vida social interessante.
A cura de meu corpo.
Uma memória e intelecto melhor.

Uma mulher que freqüentava nossas palestras na cidade de Nova York experimentou a meditação da chama sagrada e anotou três coisas dessa lista: Uma casa própria, uma vida social interessante e casamento com sua verdadeira alma gêmea. Tinha fé absoluta em que conseguiria todas as três coisas dentro do limite de um ano, que havia fixado.

A mulher era secretária em um grande escritório de advocacia, mas morava em um pequeno apartamento. Ela projetou a casa perfeita de seus sonhos e um dia uma cliente rica de um dos advogados do escritório perguntou-lhe se conhecia alguém que desejasse partilhar com ela sua grande casa em Nova Jersey, pagando um aluguel razoável. A cliente era divorciada e a vasta casa era muito solitária e dispendiosa para ela. A moça foi ver a casa e achou-a ideal. Era espaçosa, com um grande jardim. Ela ocuparia um apartamento privado, com banheiro e cozinha! Mudou-se imediatamente e parte de seu sonho concretizou-se.

O maior milagre ainda estava para acontecer. A segunda parte de seu pedido foi instantaneamente atendida, pois a dona da casa tinha amigos muito interessantes que a visitavam e que ela apresentou à jovem secretária. Assim, esta passou a ter uma nova e maravilhosa vida social sem fazer o menor esforço. Enquanto perguntava a si própria como ocorreria o terceiro milagre, as potências superiores já estavam tecendo a tapeçaria de sonhos que ela projetara no ritual da chama sagrada. Uma noite, em uma das reuniões sociais realizadas na casa, compareceu um jovem advogado, acompanhado de uma moça, que a secretária pensou ser sua esposa. Mas na realidade o advogado era solteiro e não tirou os olhos da secretária a noite inteira. Ela se sentia certa de que essa era sua verdadeira alma gêmea, que projetara no ritual da chama sagrada.

No dia seguinte, o jovem advogado procurou-a no escritório e convidou-a para saírem juntos. Explicou que a moça que o acompanhava no dia anterior era apenas uma conhecida ocasional. Seis meses mais tarde, a jovem secretária estava partindo para a Europa, em viagem de lua-de-mel... um desejo secreto que guardava havia muito tempo, mas tivera medo de incluir no ritual da chama sagrada.

C. PARA DESPERTAR INSPIRAÇÃO PARA TRABALHO CRIATIVO

Desejo este dom criativo:

Escrever histórias.
Pintar quadros.
Inventar objetos.
Compor música.
Iniciar um negócio.

Escreva apenas uma curta frase no pedaço de papel que consignará à chama sagrada, pois sua mente superior conhece a natureza de seu pedido.

Você pode incluir qualquer espécie de dom criativo que deseje adquirir. Pode anotar alguma qualidade mental especial que deseje desenvolver ou pode escrever que deseja ter uma personalidade magnética e encantadora.

Pode também escrever um ou mais desses dons criativos especiais. A única limitação a esse poder está em sua própria falta de fé. Se crer, você estará a caminho de obter o dom que pediu.

D. PARA INVOCAR O PODER MAGNÉTICO DO AMOR

Desejo atrair minha verdadeira alma gêmea.
Desejo casar-me com (escrever aqui o nome da pessoa).
Desejo despertar amor em (escrever o nome da pessoa).
Desejo reacender amor em minha companheira.
Eliminar obstáculos em amor (ou casamento).
Desejo tornar-me mais magnético no amor.

Seja qual for a situação que deseje criar em amor ou casamento, escreva-a brevemente no pedaço de papel, anotando o nome da pessoa que quer atrair ou influenciar em amor ou casamento.

COMO UM HOMEM VENCEU DIFICULDADES INSUPERÁVEIS EM AMOR

Um moço de 24 anos, pertencente a uma família muito rica, tinha sincero desejo de casar-se com uma moça cuja família era pobre e socialmente insignificante. A família do rapaz já havia planejado seu casamento com uma moça socialmente preeminente e pertencente a seu círculo social. O pai ameaçou excluir o rapaz de seu testamento se ele desposasse a jovem de sua escolha.

Quando me procurou para pedir conselho, o rapaz estava em terrível estado de espírito. "Eu amo Linda", disse-me ele, "e quero casar-me com ela, mas como posso insistir e desagradar minha família, especialmente meu pai, que deseja meu casamento com outra pessoa?"

Embora o moço fosse diplomado por Yale e a última pessoa do mundo que alguém pensaria ser capaz de acreditar em rituais místicos de templos antigos, fiquei surpreendido ao descobrir que ele já sabia que milagres de onda cerebral Alfa estavam sendo realizados nas escolas de medicina das mais importantes universidades do país. Ele já ouvira falar no ritual da chama, relacionado com a remoção de verrugas e desaparecimento de tumores por meio da queima de seus fac-símiles em pedaços de papel, acompanhada pela recitação de certas invocações. Não sabia que o ritual tinha origem nos Templos de Íris e Osíris, por isso lhe ofereci rapidamente um resumo dos fundamentos dessa poderosa meditação.

Recomendei-lhe que escrevesse em um pedaço de papel os seguintes pedidos:

Desejo casar-me com Linda, minha verdadeira alma gêmea.

Desejo eliminar todos os obstáculos a nosso amor.

Depois, acendendo a vela branca, fiz com ele a invocação sagrada, ao mesmo tempo que colocávamos o pedaço de papel, com seu nome, na urna, enquanto eu proferia a antiga invocação.

Agradeceu-me e retirou-se, prometendo manter-me informado do resultado de seu romance com Linda.

A informação veio exatamente dois meses mais tarde, sob a forma de um convite para o casamento, que ia ser realizado em uma das mais belas catedrais de Nova York! Foi depois do casamento, na recepção, que ele me contou, com a fisionomia radiante de alegria, como havia acontecido o milagre.

"Duas semanas depois de nossa entrevista, meu pai sofreu um brando ataque cardíaco, o segundo que teve em cinco anos. No hospital, segurou minha mão e disse: "Eu estava errado quando me opus a seu casamento com Linda, filho. A vida é curta e, se vocês dois se amam, têm minhas bênçãos para casar-se."

O pai estava no casamento, e eu nunca vira homem que parecesse mais orgulhoso e mais sadio. Creio que se curou por haver tomado aquela sábia decisão.

E. PARA REMOVER DE SEU AMBIENTE OBSTÁCULOS, PESSOAS INDESEJÁVEIS E CONDIÇÕES DESAGRADÁVEIS

Desejo superar inimizade em meu trabalho.
Desejo mudar o ambiente em meu escritório ou em minha casa.

Desejo afastar a interferência de (nome da pessoa).
Desejo eliminar a animosidade de (nome da pessoa).
As objeções de meu pai a meu modo de vida.

Escolha qualquer obstrução que se oponha à consecução de sua meta desejada e anote-a em um pedaço de papel. Não projete mal ou dano a outra pessoa, pois essa forma negativa é chamada magia negra e trabalha contra você. O Ritual da Chama Sagrada é uma forma positiva de magia branca e só deve ser usado para bons propósitos. Se é usado para o mal, ainda que na tentativa de destruir o mal, tende a provocar curto circuito em suas forças positivas e causar dano, por isso evite sempre mencionar qualquer pessoa que você deseje afastar por meio de acidente, doença ou morte.

CASO EM QUE MAGIA NEGRA CAUSOU DANO

Uma mulher usou esta magia negra na tentativa de livrar-se de sua rival no amor de seu marido. Disseram-lhe que tomasse uma pequena boneca e enfiasse alfinetes no corpo, projetando o pensamento de que sua rival seria destruída. Três semanas depois dêsse ritual, a mulher que enfiara os alfinetes na boneca começou a sentir dores na região do peito. Foi levada às pressas para um hospital, onde a submeteram a uma operação de emergência na vesícula bíliar, durante a qual quase morreu!

Quando invocar o poder do ritual da chama sagrada, não tente fazer o papel de Deus. Deixe que as potências superiores dispensem justiça divina. O método para isso é coisa que você não pode selecionar. As forças do mal são sempre reprimidas e as forças do bem são sempre recompensadas pela grande lei de Carma. A única coisa de que você precisa é invocar o poder de colocar esse poder cósmico em perfeito equilíbrio com sua própria vida.

F. PARA REALIZAR MILAGRES DE CURA

Desejo eliminar esta enfermidade física. (Não é necessário dar o nome da doença, pois sua mente superior sabe que condição você está tentando curar.)

Desejo conseguir a cura perfeita de meu corpo.
Desejo ter mais energia e vitalidade juvenil.
Desejo regular minha pulsação cardíaca e pressão arterial de modo que se tornem perfeitas.

Quando você entrar no estado de meditação para cura e anotar a condição que deseja eliminar, tenha fé em que a mente cósmica superior sabe como curá-lo e acredite em que o milagre começa a realizar-se no momento em que você consigna o papel à chama sagrada.

G. PARA ATRAIR MAIS DINHEIRO E SEGURANÇA FINANCEIRA

Desejo mais dinheiro de meu trabalho.
Desejo mudar de emprego.
Desejo uma promoção em meu emprego.
Desejo a importância de 1.000 dólares dentro de três meses.
Desejo um carro novo.

Uma mulher queimou no ritual da chama sagrada o papel em que havia escrito: "Desejo uma promoção em meu emprego". Escrevera também que desejava a importância de 500 dólares de fontes inesperadas. Um mês depois do dia em que iniciara sua invocação, obteve promoção para chefe de escritório, com um aumento de salário de aproximadamente 500 dólares por ano!

Uma moça que trabalhava para a mesma firma havia cinco anos não tivera um único aumento de salário durante todo esse tempo. Invocou o ritual da chama sagrada, pedindo um aumento de dez dólares por semana. Um dia, seu patrão chamou-a ao escritório e, como um homem em transe, deu-lhe exatamente o aumento que ela pedira.

H. PARA ADQUIRIR PERCEPÇÃO ESPIRITUAL E PAZ DE ESPÍRITO

Desejo percepção espiritual superior.
Desejo conhecer o mistério da alma.

Desejo aproximar-me mais de Deus.
Desejo canalizar infinita inteligência.
Desejo paz de espírito e paz de alma.

Quando medita sobre percepção espiritual você está pedindo os poderes superiores de onisciência, de conhecer tudo; onipotência, ser todo poderoso espiritualmente, e de onipresença, descobrir Deus em toda parte, em toda criação e aproveitar esse poder superior em sua vida cotidiana.

COMO REALIZAR A MEDITAÇÃO DO RITUAL DA CHAMA SAGRADA

Depois de ter determinado as coisas que deseja pedir no ritual da chama sagrada e ter preparado o pedaço ou pedaços de papel, com seus pedidos relacionados concisamente, você pode aproximar-se do santuário, acender uma vela branca e permanecer em frente do altar, com os pedaços de papel na mão.

Você pode então ler a seguinte invocação à Chama Sagrada, que vem das inscrições descobertas nas paredes dos Templos de Íris e Osíris. No Egito antigo, uma Alta Sacerdotisa oficiava a cerimônia no templo de Ísis, que era a luz menor, significando o sol. O corpo de Osíris era simbolicamente cortado e queimado na chama sagrada, enquanto o ritual era entoado pela Alta Sacerdotisa.

Os quatro elementos de criação estão envolvidos neste ritual de realização. Ar é o elemento criativo da mente. Água é o elemento espiritual da alma. Terra é o elemento físico de criação, no qual nós temos nosso ser. Fogo é o espírito purificador e criativo que queima a escória de substância material, deixando o ouro puro de espírito ou alma.

A MEDITAÇÃO DA CHAMA SAGRADA PARA PODERES SUPERNORMAIS

Eu agora me aproximo do santuário sagrado no Templo de Ísis, para pedir assistência das forças espirituais superiores. Agora consigno à chama sagrada estes sonhos, aspirações e desejos, inscritos nestes pedaços de papel, pedindo que eles sejam manifestados através do espírito criativo. (Agora ponha fogo em um dos pedaços de papel e deixe-o cair dentro da urna; enquanto continua a invocação, ponha os outros pedaços de papel na urna, deixando que, também, peguem fogo.)

Agora liberto o poder criativo da chama sagrada que queimará todos os obstáculos e obstruções que se erguem no caminho da realização de meus objetivos na vida. Meus sonhos e desejos são agora libertados como chama pura, espírito criativo, e, enquanto estes pedidos ascendem às ilimitáveis alturas celestiais, eles se revestem de suas contrapartes físicas e materiais, manifestando na terra as imagens que neles estão escritas.

Cinzas para as cinzas e pó para o pó. Agora todas as obstruções físicas estão removidas e na chama clara e purificadora de Osíris, o Sol dourado, estes sonhos elevam-se para o céu, onde encontrarão sua verdadeira realização na realidade.

Agora tenho fé em que estes desejos serão transmitidos ao reino objetivo da realidade, partindo do mundo de sonhos do espírito. Espero expectantemente meu bem, sabendo que ele está jorrando para encontrar-se comigo e cumprir meu destino.

Depois de a chama apagar-se completamente e só restarem cinzas calcinadas, recolha-as e retire-as para serem jogadas fora. Realize este ritual para tantas coisas diferentes quantas desejar materializar. Isto não deve ser feito de novo após a primeira vez, pelo menos por duas ou três semanas, proporcionando às forças místicas tempo para dar manifestação a seus desejos. Às vezes, o poder atua imediatamente e às vezes leva mais tempo, dependendo de sua fé e da natureza de seus pedidos.

VELAS COLORIDAS A SEREM USADAS PARA VÁRIOS PROPÓSITOS

Você pode realizar o Ritual Egípcio da Chama Sagrada usando várias velas coloridas para vários propósitos.

Use a vela *branca* para propósitos genéricos, pois o branco é a mais alta cor espiritual, contendo todas as cores.

Use *cor de rosa* para invocar alto poder criativo e inspirador para escrever, compor, pintar ou exercer outros talentos.

Use uma vela *azul* para amizade, amor e libertação de poder emocional.

Use uma vela *vermelha* para cura de doenças do corpo.

Use uma vela *amarela* para materializar dinheiro ou outras substâncias ou objetos materiais.

Use uma vela *preta* para eliminar condições desagradáveis e obstruções que se erguem no caminho de sua realização. Também quando desejar afastar de seu ambiente alguma pessoa a quem faça objeção, deve ser queimada a vela preta.

Use uma vela *verde* quando desejar encontrar alguma coisa que perdeu ou obter sucesso em investimentos como ações, mineração de ouro, prospecção de petróleo, urânio e outros metais preciosos.

RECAPITULAÇÃO DE PONTOS DO CAPÍTULO 15

1. O Ritual da Chama Sagrada dos Tempos de Íris e Osíris, na Pirâmide de Gizé, e como pode ser usado para invocar altos poderes espirituais.
2. Os oito milagres que você pode realizar com o emprego do ritual da chama sagrada e como usá-lo para invocar poderes mentais e espirituais supernormais.
3. O poder milagroso da fé invocado por Jesus e como o ritual da chama sagrada também atua através da fé.
4. Como criar um santuário especial com velas coloridas, diante do qual você poderá invocar a meditação da chama sagrada.
5. Como uma mulher usou o ritual da chama sagrada para materializar 5.000 dólares de fontes inesperadas. Ela conseguiu também dois outros espantosos milagres, que lhe deram grande alegria.
6. A meditação a usar para resolver problemas e vencer desafios da vida, falta de dinheiro, doença, preocupação e ansiedade, e maus hábitos como fumar.
7. Como usar o ritual da chama sagrada a fim de despertar alta inspiração para trabalho criativo, para escrever, pintar, compor e exercer talentos semelhantes.

8. Como usar o ritual da chama sagrada para manifestar seus sonhos e aspirações, para encontrar novo emprego, para atrair sua casa própria e para conseguir realização.
9. Como uma mulher realizou três de seus grandes sonhos por meio do ritual da chama sagrada, inclusive casamento com uma perfeita alma gêmea.
10. Como invocar o poder magnético de amor pelo emprego ritual da chama sagrada e conseguir realização em amor e casamento.
11. Como um moço conquistou seu amor, contra oposição de sua família, usando o ritual da chama sagrada para conseguir realização amorosa.
12. Como você pode usar o ritual da chama sagrada para remover de seu ambiente obstáculos, pessoas indesejáveis e condições desagradáveis.
13. Como uma mulher usou magia negra para livrar-se de uma rival no amor de seu marido e quase foi destruída.
14. Como realizar milagres de cura por meio do ritual da chama sagrada, para regulação das funções autônomas do corpo e libertação de poder curativo.
15. Como usar o mágico poder do ritual da chama sagrada para atrair mais dinheiro e obter segurança financeira, mudar de emprego, conquistar promoções no emprego e conseguir quantias específicas de dinheiro.
16. Como executar o ritual da chama sagrada, libertando o poder superior dos centros psiconeurais da consciência e obtendo a ajuda de forças espirituais superiores no universo.

AS CHAVES DE OURO DE MEDITAÇÃO QUE ABREM PORTAS MÍSTICAS PARA A CONSCIÊNCIA CÓSMICA

16

Em todos os séculos houve almas iluminadas, capazes de sondar segredos do universo e trazer para a humanidade idéias brilhantes, que levaram a civilização a grandes alturas de realização.

A essas almas iluminadas podemos dar o nome de gênios. Na realidade, porém, esses grandes homens e mulheres não possuíam mentes extraordinárias. Usaram o poder mental de maneira diferente dos mortais comuns. Essas grandes almas usaram o poder de meditação a fim de abrir portas místicas para a consciência cósmica. Realizaram seus aparentes milagres porque recorreram aos estratos de poder mental e espiritual que as tornaram gênios.

Sejam quais forem as limitações com que nasceu, se possui desejo inato de elevar-se, de expandir sua consciência, você pode atingir as grandes alturas que esses gênios atingiram.

Neste capítulo descobriremos as chaves de ouro de meditação transcendental que você pode usar a fim de abrir as portas místicas para consciência cósmica. Sua vida mudará, como que por milagre, quando você utilizar este dinâmico poder de meditação.

CONSCIÊNCIA CÓSMICA

Há certos sinais característicos que marcam aqueles que atingiram consciência cósmica. Depois de entrar em meditação uma vez para alcançar este estado de consciência expandida, você verá se esses sinais aparecem em sua vida.

Consciência cósmica dá-lhe um *senso de percepção instantânea*, que quase pode ser chamado psíquico ou clarividente. Você conhecerá alguma coisa sem saber como conheceu. Você entrará em meditação e sondará um mistério, depois, de repente, se tornará parte do mistério e terá percepção dos mais profundos e complicados segredos do universo.

ATRAVÉS DE MEDITAÇÃO FOI REVELADO O SEGREDO DA GRAVIDADE

Quando Newton se sentou um dia embaixo de uma macieira, em profunda meditação sobre o mistério da vida, viu primeiro a porção de uma lua nova no céu azul. Ao mesmo tempo, uma maçã caiu ao chão e, em um momento de grande apercepção, Newton pensou: "A lua no céu e a maçã na terra, ambas estão caindo através do espaço. O mesmo poder idêntico motiva a lua e a maçã." Assim, naquele momento de percepção cósmica, nasceu sua terceira lei de movimento e a lei de atração magnética conhecida como gravidade.

GRANDE MÚSICA FOI COMPOSTA ATRAVÉS DE CONSCIÊNCIA CÓSMICA

Para mostrar-lhe como este poder místico atua no sentido de trazer consciência cósmica, uma ilustração da história revelará como um grande compositor, Beethoven, realizou uma de suas belas obras. Em uma fria e clara noite de inverno, Beethoven caminhava pelas ruas de Munique, onde ia dar um concerto no dia seguinte. De repente, ouviu alguém tentando tocar sua bela Sonata em Fá Maior, mas saindo-se muito mal. Depois ouviu uma moça dizer em tom desesperado, ao mesmo tempo que parava repentinamente de tocar: "Oh, eu nunca tocarei direito! É bela demais!"

O Mestre subiu os poucos degraus que levavam à casa de onde ouvira sair a música e bateu na porta. Abriu-a um moço, que convidou o compositor a entrar. Sentada ao piano estava uma moça cega, irmã do jovem. Beethoven explicou que ouvira sua inútil tentativa de tocar a composição e, sentando-se ao piano, disse: "Permita-me tocá-la para você." Ao som das primeiras notas que saíram do piano, a moça cega reconheceu o toque do Mestre, do próprio Beethoven. Permaneceu sentada fascinada, enquanto o grande artista terminava de executar a composição. Depois, enquanto o luar prateado cascateava através das janelas, formando padrões místicos sobre o soalho, e o macio e branco manto de neve cobria a terra, pingentes de gelo cintilavam como diamantes sobre as árvores diante da janela, com a lua cheia alteando-se no céu. Os dedos de Beethoven correram ociosamente sobre o teclado, enquanto ele permanecia sentado em profunda meditação, encantado pela mística beleza da noite. "Vou compor uma sonata ao luar", disse ele. Começou a tocar um refrão obcecantemente encantador, que manteve seus ouvintes paralisados. Depois, quando terminou, deu ao jovem par ingresso para seu concerto na noite seguinte e voltou correndo para casa, a fim de passar a noite escrevendo a bela "Sonata ao Luar", que tem encantado milhões através dos anos.

Assim é o poder criativo de meditação; quando a mente é elevada a alturas inspiradoras, a consciência cósmica é despertada e o poder criativo de um gênio jorra a fim de realizar algum assombroso milagre.

AS CINCO CHAVES DE OURO PARA MEDITAÇÃO MÍSTICA

1. O desejo de criar alguma coisa bela e duradoura para o mundo.
2. A emoção de amor, que é elevada a seu mais alto planalto de ação criativa.
3. O desejo de partilhar seu bem com outros, através de impulsos caritativos.
4. O motivo-mestre para criar prosperidade, felicidade e paz para toda a humanidade.
5. O desejo de conhecer Deus, amá-l'O e dar expressão às Suas leis divinas.

Essas cinco chaves de ouro de meditação mística ajudam a focalizar poder mental cósmico em seus próprios centros cerebrais superiores. A consciência cósmica desperta na mente daqueles que desejam tornar-se canais através dos quais Deus Se expresse. Todos os grandes gênios em artes plásticas, música, literatura, ciência e indústria foram motivados pelo desejo de educar outros, de aprimorar e aperfeiçoar seus talentos, a fim de poderem ajudar outros. Todos eles recorreram à consciência cósmica com seus desejos de enaltecer, inspirar, elevar e transformar a humanidade.

O REGIME PARA USAR AS CHAVES DE OURO DE MEDITAÇÃO QUE ABREM PORTAS PARA A CONSCIÊNCIA CÓSMICA

1. O DESEJO DE CRIAR ALGUMA COISA BELA E DURADOURA PARA O MUNDO

Quando você usa esta chave de ouro de meditação, entre na quietude e crie o estado Alfa de meditação, no qual sua mente fica quieta e pacífica como um lago. Depois, ponha conscientemente em foco na tela de sua mente as coisas mais belas de que possa lembrar-se. Recorde as cenas magníficas que você viu desde tenra infância, montanhas, rios e vales tranqüilos. Rememore todas as belas auroras e ocasos que você viu, com sua incandescente chama dourada e vermelha esparramada sobre o panorama de céus, oceanos e planícies.

Visualize a beleza da sagrada flor de lótus, enquanto permanece sentado em meditação, esforçando-se para captar sua pureza e sua significação simbólica. Quando você procurar inspiração a fim de criar alguma coisa bela e duradoura para o mundo, deve ser usada esta meditação, murmurando as palavras ou pensando-as:

> *Agora entro no estado alfa de meditação no qual minha mente se torna tão pacífica e quieta quanto um lago. Agora, como um espelho, minha mente e minha alma refletem a infinita beleza do universo de Deus.*
>
> *Sou incentivado à ação criativa a fim de utilizar meus dons e talentos para criar alguma coisa bela e duradoura para toda a humanidade. Sou um canal para a expressão de beleza. Minha personalidade é agora magnetizada por esta imagem de beleza. Minha voz, minhas palavras, minhas expressões faciais ecoam agora esta marca de beleza da alma que desejo trans-*

mitir a outros. Estou transfigurado e afinado com a mente cósmica que agora me dá raios de inspiração e gênio. Agora sou um verdadeiro refletor da consciência cósmica, e toda bondade, toda verdade, todo amor e toda paz são agora transmitidos aos meus centros cerebrais criativos superiores para o bem.

COMO UMA JOVEM SENHORA SE TORNOU GRANDE CANTORA POR MEIO DE MEDITAÇÃO

Uma jovem senhora, minha conhecida, desejava ser cantora. Tinha uma bela voz natural, mas todos lhe diziam que havia tremenda competição naquele terreno e a aconselhavam a esquecer suas ambições.

Ela aprendeu estas leis de meditação e ficou sabendo que tudo é possível, quando realmente se acredita que é. Começou a meditar em beleza, não só em sua personalidade, mas também em sua voz e em seus centros mentais superiores. Abriu sua consciência aos sons mais adoráveis que podia ouvir. Escutou o canto do pássaro ao pôr do sol. Tomou conhecimento do cricrilar do grilo quando andava pelos campos. Ficou parada à margem do oceano e escutou o rugir das ondas, quando acariciavam a praia, até poder ouvir uma verdadeira sinfonia formada pela rebentação, pelo vento e pelo luar prateado que fazia um desfile da beleza sobre o mar. Depois essa jovem senhora começou a ouvir os maiores de todos os cantores clássicos em gravações. Estudou a vida dos grandes compositores e cantores líricos até encher-se com a consciência cósmica de beleza a ponto de, instilar em sua voz sutis nuanças e ecos de infinita beleza.

Quando se apresentou em audição em uma grande estação de televisão, venceu vinte e cinco competidores e, durante muitos meses, cantou em um dos melhores programas musicais levados ao ar.

2. A CHAVE DE OURO DO AMOR QUANDO ELEVADO A SEU MAIS ALTO PLANALTO DE AÇÃO CRIATIVA

Para usar esta chave de ouro de meditação a fim de adquirir consciência cósmica, entre no estado Beta de meditação, no qual suas ondas cerebrais vibram com catorze a vinte e oito ciclos por segundo. Este ritmo acelerado tenderá a abrir centros superiores de consciência e fazer com que você fique inspirado.

Esta chave de ouro do Amor, mais que a de qualquer outra emoção, foi usada por milhares de pessoas a fim de adquirir grande poder criativo.

O telefone foi criado porque Alexander Graham Bell desejava inventar um instrumento que ajudasse sua esposa surda a ouvir de novo.

Um homem descobriu o método de fabricação de pneumáticos para automóveis porque a esposa estava em uma cadeira de rodas e ele queria encontrar uma substância que tornasse mais fácil amaciar os choques do movimento quando ela rodasse em sua cadeira.

O homem que inventou o interruptor de mercúrio, com o qual ganhou milhões, foi inspirado pelo desejo de não acordar a esposa à noite com o estalido do interruptor da luz.

Florence Nightingale elevou a profissão de enfermagem porque amava a humanidade e se dirigiu aos campos de batalhas a fim de ajudar soldados feridos.

Cecil Rhodes instituiu sua Bolsa de Estudos Rhodes quando se curou de tuberculose na África e descobriu um campo diamantífero: amor à humanidade foi sua inspiração.

Salk, Fleming, Pasteur, Nobel, Edison, Burbank, Booker-T. Washington — todos esses grandes homens e milhares de outros foram motivados pela divina emoção de amor à humanidade, e essa emoção divina ajudou a abrir portas místicas para a consciência cósmica.

Diga ou pense as seguintes palavras quando entrar na meditação Beta para elevar amor a seu mais alto planalto de ação criativa:

> *Agora medito na divina emoção do amor com suas numerosas facetas de ação criativa.*
>
> *Desejo criar uma vida feliz e próspera para minha família e meus amigos. Elevo amor a seu mais alto planalto de ação criativa e desejo consciência cósmica a fim de poder criar de acordo com o divino padrão de bondade, paz, alegria e beleza.*

Agora canalizo as forças inspiradoras de amor divino em minha mente, meu coração e minha alma. Peço a iluminação interior da consciência cósmica a fim de poder irradiar a todos aqueles com os quais me encontro, amor em minha personalidade, minhas palavras e minhas ações.

Uma mulher minha conhecida, que perdeu o marido em acidente, estava cheia de pesar e não sabia o que fazer do resto de sua vida, até quando aprendeu esta meditação para reaquecer o poder criativo do amor. Disse esta meditação todos os dias durante duas semanas, até ser inspirada a entrar na comunidade de trabalho social, a fim de ajudar os doentes e pobres. Encontrou nova alegria neste impulso caritativo e deixou de mortificar-se pela perda de seu marido.

UMA BEM SUCEDIDA MEDITAÇÃO PARA VENDEDORES

Dei esta meditação a vendedores, e eles me contaram que, quando chegavam ao trabalho com a inspiração de amor criativo, vendiam mais seus produtos e obtinham maior sucesso.

Diversas vezes em cada dia, afine sua mente com esta emoção criativa, através de meditação. Você pode meditar em qualquer lugar, mesmo com os olhos completamente abertos. A única coisa de que precisa é serenar a mente e depois repetir a meditação acima ou outra semelhante até absorver seu poder criativo. Durante horas você sentirá sua descarga de poder vital e energia criativa.

UMA DONA DE CASA NUNCA SE CANSA DEPOIS QUE APRENDEU ESTA MEDITAÇÃO

Uma dona de casa, que se queixou a mim de suas tarefas cotidianas, disse que estava constantemente cansada. Cozinhava e limpava a casa para o marido e três filhos, ficando completamente exausta ao fim do dia, tão cansada que nem sequer assistia à televisão. O marido estava começando a cansar-se de suas constantes queixas e sua irritabilidade. Parecia menos interessado emocionalmente por ela, porque estava cronicamente cansada e não podia partilhar com ele dos prazeres pequenos e simples.

Ela usou esta meditação para descarregar energia cósmica em seu cérebro e corpo. Várias vezes por dia, parava seu trabalho, sentava-se quieta durante cinco minutos e dizia: "Sou um canal através do qual flui energia cósmica. Sou inspirada pelo amor a criar saúde e felicidade para meu marido e meus filhos. Agora estou carregada de dinâmico poder cósmico para realizar alegremente minhas tarefas diárias." Logo ela se tornou um dínamo de ação e encantou o marido e os filhos com seu fluxo de energia criativa e serviço amoroso.

3. O DESEJO DE PARTILHAR SEU BEM COM OUTROS ATRAVÉS DE IMPULSOS CARITATIVOS

Esta meditação ajuda a libertar os valores congelados de seus centros mentais criativos superiores.

Todos nós temos tremenda capacidade para criar alguma coisa grande, mas o fogo da inspiração freqüentemente falta. Isto pode ser criado tendo o desejo de partilhar seu bem com outros.

Para esta meditação, entre no estado Alfa e pense ou diga as seguintes palavras:

Agora sou um canal de bondade criativa. Medito sobre a a cornucópia cósmica do universo, da qual jorra interminável e inesgotável suprimento de tesouros para meu bem e para o bem de outros.

Sou um centro cósmico de paz e harmonia. Agora descarrego pensamentos pacíficos para todas as pessoas com as quais me encontro. Sou alegre e descarrego minha felicidade e a partilho com todas as pessoas que encontro.

Agora derramo o bálsamo de harmonia e amor sobre as agitadas águas de discórdia, inimizade e atrito, dissolvendo-as e criando concórdia e harmonia cósmicas.

Dou sorrisos, bondade e consideração, e sou abençoado por amizade. Perdôo a outros seus atos sem bondade e sou recompensado por amor. Dou serviço e trabalho, e recebo riquezas e recompensas de abundância.

COMO FOI VENCIDA A IRRITAÇÃO DIÁRIA

Uma mulher que eu conheci me disse que estava sendo sempre lograda pelos outros. Vendedores e garçons enganavam-na no troco. Açougueiros davam-lhe os mais duros pedaços de carne. O vendedor de frutas dava-lhe os pêssegos mais duros, as laranjas mais azedas, as maçãs menos saborosas. Disse ela: "Existe em mim alguma coisa errada para que todos procurem roubar-me o que por direito me pertence?"

Conversando com essa mulher durante meia hora, descobri que ela vivia perpetuamente com a consciência de perda, limitação, privação e furto. As pessoas simplesmente refletiam para ela o que estava em sua consciência.

Dei-lhe esta meditação para partilhar seu bem com outros e disse-lhe que usasse parte dela toda vez que se aproximasse de alguém de quem desejasse um tratamento justo. Ela começou a praticar as qualidades extrovertidas da meditação, assim como as imagens dos benefícios que ia receber, e logo descobriu que as pessoas passaram a tratá-la melhor do que antes.

4. O MOTIVO—MESTRE PARA CRIAR PROSPERIDADE, FELICIDADE E PAZ PARA TODA A HUMANIDADE

A Consciência Cósmica pode ser sua quando você tem os motivo-mestres corretos por trás de sua vida. Um dos maiores de todos os motivos-mestres é criar prosperidade, felicidade e paz para toda a humanidade.

A maioria das pessoas leva uma vida fútil, egoísta e mesquinha, na qual só se interessa por si própria e sua família. Quando expandimos o horizonte de nossa consciência de modo a abranger o cosmo e sabemos que estamos todos unidos por laços de fraternidade espiritual, passamos a ter uma motivação diferente do egoísmo – altruísmo, o desejo de criar prosperidade, saúde, felicidade e paz para toda a humanidade.

Quando expressa o desejo de criar prosperidade, felicidade e paz, você abre centros de consciência que o alinharão com as forças que lhe tornam possível obter essas condições em sua própria vida. Assim como um imã atrai o que vibra em harmonia com ele, existe uma atração cósmica entre os elementos que estão em harmonia entre si.

COMO FOI SANADA RENHIDA COMPETIÇÃO COMERCIAL

Um homem que conheci tinha um concorrente comercial que abriu uma loja em frente da sua, na mesma rua. Odiava com intensidade o concorrente, pois sabia que suas vendas e seus lucros começavam a declinar. Começou a fazer tudo quanto era possível para reduzir seus preços e colocou grandes cartazes em suas vitrinas para atrair fregueses, mas apesar disso continuava a erosão de seus lucros.

Desesperado, esse homem procurou-me. Assistira a algumas de minhas palestras em Los Angeles e lembrava-se de ter-me ouvido certa vez dizer que não existem concorrentes para nós em nosso negócio. Perguntou-me como poderia lidar com o terrível problema que ameaçava sua segurança financeira.

Eu lhe disse que o outro homem tinha direito à sua segurança e paz de espírito, embora pudesse parecer desleal abrir uma loja na mesma redondeza. Recomendei-lhe então uma meditação para usar diariamente a fim de ajudar a criar uma atmosfera de felicidade e paz dentro de si próprio:

> *Não existem competidores no universo de Deus. Minha prosperidade e bem trazem benefícios a todas as pessoas. Eu liberto minha mente de preocupação com competição e crio uma atmosfera de paz, harmonia e felicidade, na qual desejo grande sucesso a meu competidor.*

Disse-lhe então que retirasse os grandes cartazes de suas vitrinas, deixasse de reduzir os preços e abençoasse o concorrente e seu negócio toda vez que olhasse para o outro lado da rua.

Ele começou a fazer meditação e logo notou que fregueses da loja concorrente, que haviam sido atraídos para o local à procura de seus produtos, começavam a atravessar a rua em direção à sua loja. Sua atitude, agora mudada e extrovertida, com o pensamento de desejar ajudar os outros, impressionou esses novos fregueses, que começaram a comprar mais de seus produtos do que nunca antes.

MEDITAÇÃO PARA CRIAR PROSPERIDADE, FELICIDADE E PAZ

Agora abro os centros de minha consciência ao influxo do espírito de cooperação e ajuda aos outros. Agora sou guiado pelo motivo-mestre de criar prosperidade, felicidade e paz para os outros. Estou na consciência de cooperação, e meu bem me procurará.

5. O DESEJO DE CONHECER DEUS, AMÁ-LO E DAR EXPRESSÃO ÀS SUAS LEIS DIVINAS

Esta última de nossas chaves de ouro de meditação para abrir portas místicas de consciência cósmica é muito vital e importante. Foi-nos dito: "Em que se beneficiará o homem, se ganhar o mundo inteiro e perder sua alma."

A Consciência Cósmica é aquirida quando somos capazes de alinhar nossos próprios centros mentais superiores com a mente cósmica, que o homem chama Deus.

Quando consegue isso, você automaticamente tem desdobramento psíquico e percepção cósmica, nos quais será guiado sem erro para seu verdadeiro destino.

Em meditação para conseguir este estado de consciência, sente-se quietamente e deixe sua mente perceber o poder de Deus em seu universo. Medite sobre o mistério por trás da vida. Veja sua alma como o cálice do espírito criativo, que é Deus.

Depois, quando tiver conseguido absoluta quietude, interna e externa, medite o seguinte:

Agora medito na realidade do espírito e na irrealidade da matéria. Sei que sou uma imagem espiritual do Pai criativo, constituída de mente, corpo e alma. Agora reclamo minha herança divina e afirmo minha unicidade com a inteligência infinita que é Deus. Agora alinho minha mente, corpo e alma com o amor infinito, que Deus expressa. Agora aceito o manto de infinita bondade, que Deus solta. Agora reflito Sua paz infinita, e minha alma é pacífica e serena. Reflito Sua beleza infinita, e minha vida se torna bela.

Quando tiver conseguido unicidade com a luz, você terá um sentimento de iluminação interior. Você viverá sob as leis espirituais a serem encontradas nos Dez Mandamentos, sabendo que essas são leis cósmicas que ajudam a elevar o homem acima do nível da selva, até a estratosfera espiritual de amor, perdão e caridade.

Você viverá sob o princípio da Regra de Ouro, sabendo que aquilo que prejudica um priva outros de segurança e felicidade, e aquilo que abençoa sua vida abençoará por sua vez toda a humanidade. Você aplicará os princípios do Sermão da Montanha, não porque estão em algumas das religiões reveladas do mundo, mas porque são leis cósmicas e universais básicas que devem ser obedecidas, se quisermos reclamar os sagrados privilégios que derivam de acontecimento e aplicação espirituais.

RETROSPECTO DO CAPÍTULO 16

1. Como os grandes gênios da história usaram o místico poder de meditação para adquirir consciência cósmica e aproveitar um estrato de poder mental e espiritual que era inspirador e iluminador.
2. Como meditação mística abriu as portas de consciência para grandes homens, como Newton e Beethoven, produzindo obras de gênios que emocionaram o mundo.
3. As cinco chaves de ouro de meditação mística que abrem portas para a consciência cósmica.
4. O desejo de criar alguma coisa bela e duradoura ajuda a adquirir consciência cósmica.
5. Uma jovem senhora tornou-se grande cantora clássica, usando a meditação para conseguir grandeza, e venceu seus competidores em um programa de televisão.
6. Como elevar a chave de ouro do amor a seu mais alto planalto de ação criativa e a meditação que ajuda você a conquistar esta extraordinária recompensa.
7. Como onze dos grandes gênios do mundo usaram esta meditação para conseguir extraordinário sucesso, fama e fortuna.

8. Como uma mulher descobriu novas dimensões de vida e se tornou bem sucedida e feliz como assistente social, quando usou esta meditação.

9. Uma dona de casa aprendeu a aproveitar grande energia e poder cósmico, e agora nunca se cansa de seu trabalho e seu serviço à família.

10. Como adquirir consciência cósmica através do desejo de partilhar o bem com outros por meio de impulsos caritativos.

11. Como se pode criar prosperidade, obter felicidade e conseguir paz de espírito para si próprio e para outros, usando esta meditação a fim de adquirir consciência cósmica.

12. Um homem usou esta meditação para promover melhor seu negócio e vencer seu medo de um concorrente.

13. Como usar esta meditação e adquirir consciência cósmica, por meio do desejo de conhecer Deus, amá-l'O e dar a mais plena expressão às Suas leis divinas.

COMO ADQUIRIR FORÇA ESPIRITUAL E PODER CÓSMICO ATRAVÉS DE MEDITAÇÃO

17

Sua alma está em uma viagem mística através do tempo e do espaço à procura da vida grandiosa.

Em sua breve aventura sobre esta terra, no corpo físico, a alma conhece sofrimento e dor, êxtase e amor. O propósito de viver não é apenas enfrentar os desafios da vida e vencê-los para que possamos conhecer felicidade, mas também para que a alma possa atingir a grandeza espiritual e poder cósmico absoluto a fim de erguer-se triunfantemente sobre os desafios da vida.

Neste capítulo aprenderemos como isso pode ser conseguido através do poder de meditação transcendental.

Nesta busca mística através do tempo e do espaço, a alma é guiada por um raio divino de luz, que parte da mente cósmica de Deus. Esta inteligência superior focaliza-se na consciência do homem, quando ele se afina com as forças espirituais da vida. Ele é então intuitivamente guiado para a descoberta de seu eu superior e para a emocionante experiência espiritual que lhe dá intencionalidade e percepção cósmica de seu verdadeiro e magnífico destino.

Quando obedece a estes estímulos superiores da inteligência cósmica, sua alma invariavelmente procura as experiências certas da vida, das quais precisa para realizar perfeitamente seu destino.

A CRENÇA NA REENCARNAÇÃO

Dois terços das pessoas da terra acreditam que a alma viveu antes e viverá de novo, em uma contínua experiência de vida que se estende por muitas vidas. Existem numerosas e assombrosas provas que parecem demonstrar ser isso verdadeiro.

A dispensação cristã acreditou em reencarnação durante muitos anos. Esta crença foi eliminada da fé cristã quando o Imperador Constantino anunciou que aceitaria o Cristianismo se fosse abolida toda referência a reencarnação. A sobrevivência e retorno da alma foram ensinados por Cristo e esses ensinamentos espalharam-se por todo o mundo, dando o peso da evidência a esta antiga crença de reencarnação.

Para melhor compreender a reencarnação, é necessário saber que está ligada à lei de Carma. Em cada vida, a alma cria méritos e deméritos, de acordo com as ações do indivíduo. Quanto mais méritos cria, menos débito cármico a pessoa acumula e com menos freqüência retorna a este plano físico de sofrimento, doença, dor e morte. Depois de criar méritos suficientes, a alma pode apagar as dívidas cármicas que acumulou através dos séculos e, então, continuar para outros planos de consciência e receber suas recompensas espirituais.

Esta idéia de punições e recompensas é semelhante à atual crença cristã em céu e inferno. A pessoa é punida por Carma mau e recompensada por Carma bom. A teoria de reencarnação ensina que o homem cria seu próprio céu ou inferno e é recompensado ou punido por seus próprios atos em sucessivas vidas.

PARA ONDE VAI A ALMA DEPOIS DA MORTE?

Existem numerosas teorias sobre o lugar para onde vai a alma depois da morte. Em nosso sistema solar e nas galáxias além, a ciência sabe agora que existem bilhões e mesmo trilhões de planetas nos quais a existência é continuada indefinidamente sob muitas formas totalmente diversas daquela da terra. A ciência calcula que desses bilhões de planetas pelo menos cem milhões são capazes de sustentar vida. A existência da alma é possível em outra dimensão de tempo e espaço, no que os reencarnacionistas chamam Nirvana, onde a alma mora em eterno esplendor na presença da Divindade de onde saiu.

Neste romance cósmico ou divino em que entra, a alma descobre a bem-aventurança eterna, que sobrevém quando o amante e o amado entram no estado de êxtase perpétuo conhecido como Nirvana.

Depois de aprendidas as lições da vida, a alma não precisa voltar a um grosseiro corpo físico de carne, sujeito a dor, doença, idade e morte. A alma ascende então a seu legítimo domínio de grandeza espiritual, tendo realizado seus potenciais de absoluta paz, absoluto amor, absoluta alegria e absoluto poder.

MÉTODO PARA ADQUIRIR A FORÇA ESPIRITUAL DA ALMA

1. Diariamente entre em um estado de meditação profunda no qual você examine cuidadosamente todas as facetas de experiências da alma que teve na vida. Veja a vida como uma experiência espiritual, não física. Medite na realidade de Deus, da alma, do mistério por trás da vida. Diga as seguintes palavras nessa profunda meditação espiritual:

> *Agora medito sobre a significação e mistério da vida. Reconheço a fonte de minha origem como sendo espiritual, não física e material. Nascido nos laços de amor espiritual, empreendi uma viagem mística através do tempo e do espaço. Minha alma habita um corpo que é físico e sujeito às leis de erosão. Agora contemplo o mistério de minha alma. Percebo Deus e Sua infinita Presença dentro de mim. Percebo o verdadeiro propósito espiritual de minha existência. Fui criado para desenvolver minha consciência e libertar o esplendor oculto de minha alma. Agora medito no padrão cármico de acontecimentos que instituirei para levar-me à descoberta da grandéza das verdadeiras experiências cósmicas e espirituais da vida. Estou afinado com amor, e minha alma é elevada à mais nobre expressão dessa emoção divina. Estou afinado com alegria, e minha alma é banhada em vibrações de intensa felicidade. Estou afinado com bondade, e minha alma esforça-se para perceber tudo quanto é bom e Divino. Estou em uma*

atmosfera de paz, e minha alma está em paz com o mundo. Eu me afino com as oitavas superiores de infinita beleza, e minha alma registra todas as visões, sons e experiências que atestam o esplendor cósmico do poder de Deus que me criou em beleza.

COMO UMA ALMA PERTURBADA MUDOU SEU DESTINO COM ESTA MEDITAÇÃO

Procurou-me certa vez para pedir conselhos uma mulher que estava perturbada por uma série de catástrofes e acontecimentos abaladores que a deixaram desnorteada e sem ânimo. Queixou-se ela: "Por que Deus está me punindo? Que fiz eu para sofrer tão miseravelmente?" Depois de ouvir sua trágica história, fiquei conhecendo o Carma de alma que ela havia formado e sabendo que neste tempo de vida seu Carma a alcançara, e ela estava se punindo.

Fora casada três vezes e, em todas as vezes, divorciara-se por variadas razões. Havia perdido seus três filhos em resultado de negligência e bebida. Afundara tanto que nenhum homem estava disposto a casar-se com ela e dar-lhe segurança. Além disso tudo, adquirira várias formas de adição a drogas, e sua mente e seu corpo eram atormentados repetidamente quando a internavam em instituições para combater esses hábitos.

Recomendei a esta mulher terapia espiritual, na qual foi submetida a um regime diário de numerosas forças de ação positiva. Mas o principal foi que, após ter conquistado sua confiança, eu a coloquei na meditação espiritual acima, para mostrar-lhe o propósito e o valor da vida, e mostrar-lhe que espiritualmente havia esperança para ela, se acreditasse no poder de Deus e o deixasse redimir sua vida.

Ela já fora religiosa e retornou então à sua igreja. Começou a usar meditação transcendental diariamente e, sempre que sentia necessidade de droga ou bebida, entrava em profunda meditação até passar o desejo. Logo se tornou capaz de passar dias sem estimulantes. E em seguida, sua alma perturbada foi curada, e ela começou a sair de seu profundo abatimento e confusão. Dois meses depois, essa mulher estava em um caminho de alma diferente do anterior. Eu a via de tempos a tempos e a encorajava a continuar seu progresso espiritual em direção ao esclarecimento.

A NECESSIDADE DE MANTER-SE AFINADO

2. Diariamente afine sua alma com os atributos divinos que trazem grandeza e nobreza espirituais à experiência da vida.

Um violino desafinado pode produzir sons odiosos. Quando perfeitamente afinado, produz música suave. Certa vez, visitei um dos maiores violinistas do mundo nos bastidores, quando estava proferindo palestras no Carnegie Hall. Esse grande violinista possuía um Stradivarius que valia mais de um milhão de dólares. Andava de um lado para outro em seu camarim tocando escalas no violino, quando de repente o instrumento emitiu os sons mais dissonantes que eu já ouvira! Soltei uma exclamação de espanto, pensando que alguma coisa acontecera ao precioso violino. Ele se virou para mim com uma risada e me mostrou que havia solto as cravelhas do violino, desafinando-o deliberadamente. "Mesmo um violino de um milhão de dólares não pode produzir música bela quando está desafinado", disse ele. Depois, tornou a afiná-lo corretamente e belos sons jorraram do velho e bem temperado instrumento. Ele entrou no palco e emocionou três mil pessoas com sua música celestial!

O instrumento de sua mente e alma só pode produzir música suave quando você se afina com grandes e nobres pensamentos e idéias.

Quando inicia cada dia de sua vida, entre nesta meditação cósmica a fim de afinar a mente e a alma com a música das esferas:

> *Agora medito nos mais altos e mais nobres conceitos que minha mente é capaz de conceber. Sei que sou criado à imagem e semelhança de Deus e que minha alma partilha de Sua beleza e perfeição. Agora elevo minha consciência aos altos e inspiradores planos de ação. Idealizo meus pensamentos e ações, esforçando-me para conseguir idealismo em todas as minhas relações com outros. Pratico honestidade e verdade em minha vida cotidiana. Perdôo outros pelo que me fizeram e peço perdão por minhas infrações morais das leis espirituais*

e cósmicas. Demonstro misericórdia e compaixão pelos outros e recuso lançar a primeira pedra. Esforço-me para ser caridoso e bondoso, partilhando meu bem com outros. Estou agora em sagrada comunhão com o espírito cósmico que anima o universo e sou abençoado por todas as forças do bem na experiência de minha vida cotidiana.

3. Aceite os desafios da vida como parte da disciplina da alma, necessária a fim de fortalecê-lo para maior glória. A fim de dar-lhe essa força de alma para enfrentar os vários problemas da vida, use diariamente esta meditação:

Reconheço a necessidade de problemas e lutas para dar-me crescimento de alma e evolução espiritual. Enfrento esses desafios com coragem, fé e esperança. Sei que sou espiritualmente fortalecido quando enfrento e resolvo os problemas da vida. Minha alma está agora carregada de dinâmico poder espiritual que me traz paz de espírito e paz de alma.

4. Para crescer espiritualmente e desenvolver a alma até alturas de grandeza e nobreza, dedique diariamente sua vida a Deus e a fazer o bem. Entre em meditação por cinco minutos depois de acordar e pense ou diga o seguinte:

Hoje dedico meus pensamentos e ações a Deus. Dedico minha respiração e minhas palavras à Sua maior glória. Digo palavras de beleza e alegria, comunicando uma atmosfera de harmonia e maravilha a todas as pessoas com as quais me encontro. Agradeço a Deus o dom da vida e a oportunidade de servi-l'O.

5. Diariamente procure em sua vida experiências de alma que contribuam para grandeza espiritual. Escolha entre as variadas atividades de cada dia as experiências que elevam e inspiram seu espírito e sua alma. Recuse ver as coisas mesquinhas, espalhafatosas, feias e perturbadoras que o cercam por todos os lados e focalize seu espírito superior apenas naquelas experiências de alma que contribuem para elevação da consciência acima das forças terrenas da vida. Para este propósito, use a seguinte meditação:

Vejo toda beleza como um reflexo da infinita presença de Deus em Sua criação. Estou afinado com a beleza da natureza, as montanhas e oceanos, as árvores e flores, a luz prateada e o sol dourado, as miríades de estrelas que cobrem o purpúreo véu da noite. Entronizo esta grandeza em minha mente e minha alma, e sou elevado a altos planos de consciência.

Ouço toda verdade e sei que é um reflexo cósmico da voz de Deus, falando eloqüentemente no vento sussurrante através das copas das árvores; no canto dos pássaros em seus ninhos, no cascatear das cachoeiras que fluem para mares cósmicos; na risada feliz das criancinhas, atestando pureza, inocência e piedade. Estou afinado com a alegria e maravilha do cosmo, e minha alma se eleva às alturas supernais de revelação e sabedoria.

COMO FOI CURADA FRUSTRAÇÃO DE UM HOMEM DE 60 ANOS

Um homem se tornara tão preso às coisas triviais da vida que estava amargurado e desiludido. Contou-me que não tinha o menor propósito na vida. "Estou com 60 anos de idade, minha esposa já morreu, meus filhos estão crescidos e não precisam de mim. Às vezes penso que seria melhor estar morto", lamentou-se ele. Este homem introduzira no banco de memória cósmica de sua consciência apenas pensamentos de miséria, descontentamento e tragédia. Havia perdido sua inspiração para viver.

Eu o fiz voltar à trilha espiritual da vida dando-lhe um regime que incluía o seguinte: Medite diariamente no verdadeiro sentido de sua vida. Veja as glórias do mundo, não os fracassos. Perceba que você teve uma vida plena de beleza e conseguiu a realização do amor, a criação de uma família maravilhosa. Agora passe o resto de sua vida dando graças a Deus pelos milagres de que gozou durante sessenta anos. Deixe de ver os sinais de menos da vida e veja os sinais de mais que você tem. Dei-lhe esta meditação para usar, e o homem se tornou notavelmente tranqüilo e mudado. Até sua saúde melhorou, pois, à medida que sua perspectiva mudou de negativa para positiva, suas glândulas receberam impulso para a vida, não para a morte, e ele prosperou, interessando-se mais tarde por uma viúva com a qual agora planeja casar-se!

6. Em cada dia de sua vida, reflita divina harmonia, ordem e equilíbrio. A mente e o espírito do homem não podem evoluir em uma atmosfera de discórdia e atrito. Sua alma viceja na paz e serenidade. Diariamente quando enfrenta turbulência em sua própria casa ou em seu ambiente de negócios, pare por um momento e diga ou pense a seguinte meditação para harmonia da alma:

Fui criado em laços de paz e concórdia. Agora volto ao pacífico útero do tempo e renasço em espírito. Sou imune às discórdias da vida e estou cercado por um círculo mágico do amor protetor de Deus. Estou unido à ordem e harmonia cósmicas e atraio para minha órbita de experiências apenas serenidade, alegria e paz.

7. Tenha como sua meta na vida, não apenas ganhar dinheiro e obter sucesso material, riquezas e abundância, mas uma motivação superior por trás de sua vida. Liberte o espírito criativo de inspiração e definitiva melhoria para toda a humanidade. Fixe uma meta de fraternidade universal, de abolição da guerra e estabelecimento da paz, de padrões educacionais elevados e universais. Medite diariamente nos altos ideais que possa imaginar e veja a unidade cósmica entre todas as criaturas de Deus. Expresse amor divino por todas as pessoas com as quais se encontrar e sua alma receberá novo impulso em direção à Divindade.

8. Elimine as dívidas cármicas que você possa ter acumulado em vidas passadas, por meio de estrita obediência a leis espirituais que foram enunciadas por todos os grandes Místicos, Videntes, Mestres e Profetas, e que são reveladas em todas as nove religiões do mundo. Essas leis espirituais são dadas nos Dez Mandamentos, na Regra de Ouro e no Sermão da Montanha.

9. Diariamente, como forma última de meditação, mantenha-se em piedosa comunicação com o Espírito Cósmico que se manifesta em toda a criação. Quando acordar pela manhã, tenha uma oração nos lábios; uma oração de gratidão por outro dia de vida e pela oportunidade de servir a Deus e à humanidade.

RETROSPECTO DE PONTOS DO CAPÍTULO 17

1. A alma procura a realização última nesta viagem mística através do tempo e do espaço, e precisa descobrir o divino raio de luz para completação espiritual última.
2. A crença na reencarnação e como ela mostra o padrão da alma através de sucessivas vidas.
3. A alma do homem procura Nirvana, no qual encontra o eterno e divino romance, fundindo-se a alma com a Fonte Divina de sua origem.
4. Meditação para estabelecer o contato da alma com a fonte de seu poder e revelar o mistério em que ela está presa.
5. Como uma mulher mudou seu destino, de tragédia e perplexidade para paz de espírito e paz de alma, usando diariamente profunda meditação espiritual.
6. Como você pode descobrir a grandeza e nobreza espirituais da vida afinando sua mente e sua alma com grandes e nobres pensamentos e idéias.
7. Os desafios da vida são-lhe mandados para disciplina da alma, a fim de fortalecê-lo para futura glória. Como você pode usar meditação para adquirir absoluto poder espiritual.
8. As experiências diárias da vida devem contribuir para a grandeza espiritual de sua alma. Isto é conseguido através de meditação sobre beleza, verdade, bondade e amor, que o cercam na vida.
9. Como um homem de 60 anos venceu amargura e desilusão por meio de meditação que lhe deu novo propósito na vida.
10. Sua vida pode refletir divina harmonia, ordem e equilíbrio cada dia. Estas são as forças cósmicas pelas quais a alma encontra uníssono com os elementos positivos da vida.
11. Como eliminar as dívidas cármicas que se acumularam através de muitas vidas e conseguir crescimento da alma por meio das leis espirituais encontradas em todas as grandes religiões.